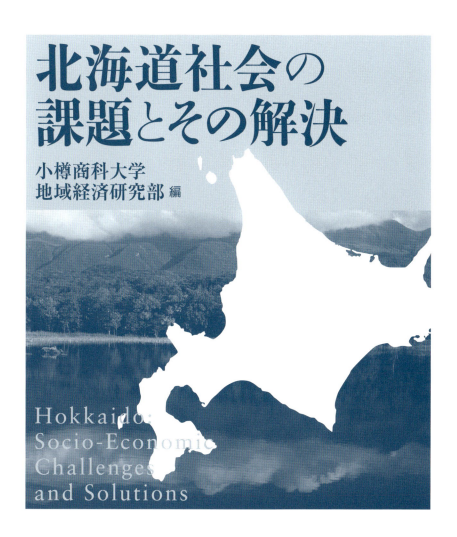

北海道社会の
課題とその解決

小樽商科大学
地域経済研究部 編

Hokkaido:
Socio-Economic
Challenges
and Solutions

ナカニシヤ出版

序

　本書は，北海道社会の抱える様々な問題を多角的に検討し，その再生の方法に向けて提言を行うものである。本書の内容は，小樽商科大学が，2012年度から2017年度まで行った「地〈知〉の拠点整備事業（COC）」における研究成果を踏まえたものである。

　戦後の北海道経済論は，中山伊知郎編『北海道開発論』（1955年）以来，度々論じられてきた。北海道の社会は時代の変化および政策の方針転換により大きな影響を受けてきた。『北海道開発論』の中では石炭を始めとした天然資源を利用した産業育成が提唱されたが，その刊行直後から石炭から石油への主要エネルギー転換が始まり，その他の鉱物資源も掘り尽くされるか，海外からの輸入資源との競争に敗れることとなる。また，冷戦期に中国・ソビエト連邦に対する貿易量は激減し，アメリカが主要貿易相手国となることで日本海側の生産・貿易拠点は衰退し，いわゆる太平洋ベルト地帯に拠点が集中することとなる。これは，北海道に対しても日本海側に位置する小樽の積み出し港としての優位性を喪失させ，苫小牧など太平洋岸へのシフトを求めることとなる。

　また長く続いた食糧管理制度およびその後の減反政策は，農業において大きなアドバンテージを持つはずの北海道の足かせとなる。また，農協を中心とした流通経路の制限や加工業の不在は，北海道の役割を1次産品の移出拠点に限定してしまい，内地農業に対する優位性を発揮しにくいのが現状である。その結果として，日本全体が高度経済成長に沸く時代に，北海道は大きな製造業の集中拠点を形成することができなかった。

　そして，バブル期を経て，北海道拓殖銀行が破綻する。その後も北海道は1兆円を超える地方交付税交付金を投じられ続けるが，その受け皿となる産業の不在ゆえに，投じられた資金が道内を循環し続けることなく流出している。北海道はいまなお「内国植民地」としての開発経済の残滓から脱却することができていない。そして，現在の人口減少と少子高齢化の影響は，他の地方以上に色濃く表れていることと結びついて社会の縮小を加速させている。このように北海道経済は，変化しつつも絶えることのない開発経済上の課題を抱えており，

その分析と政策の模索の継続もまた求められている。

　小樽商科大学では 2008 年に地域経済研究会を設立して以来，グローバリズム進展下での北海道経済に焦点を当て，穴沢眞・江頭進編『グローバリズムと北海道経済』(ナカニシヤ出版，2014 年) などの多くの研究を発表してきた。本書では，COC とほぼ同時期に始まったアベノミクスの影響を重視し，それと北海道社会の現状を論じたものとなっている。

　アベノミクスでは，金融の大規模緩和と地方創生が掲げられたが，各政策が実際に地方経済に対してどのような影響を与え，また地方の人々がそれをどのように受け止めているのかは，より詳細な研究が必要である。本書では，産業育成，金融，観光，防災の 4 つの観点から北海道の課題と可能性を探っているが，この 4 点において北海道は大きな課題を抱えている。

　第 1 章では，北海道の工業化を扱っている。先述したようにこれまでも，北海道での工業育成は何度となく試みられてきた。明治以来，函館の造船や室蘭の鉄鋼はその象徴であったし，21 世紀に入ってから，苫小牧に大手自動車企業とその関連企業を誘致し，一大製造拠点を形成しようとしたこともその一環である。しかし，旧来の造船や製鉄は，他国との競争の中で縮小し，自動車産業もその規模を拡大できずにいる。特に自動車産業では部品の道内調達率が，他地方の例と比べてはるかに低いままである。第 3 次産業が日本全体でも中心となるいまでも第 2 次産業の育成にこだわるのは，その付加価値率の高さ，ひいてはそこからもたらされる賃金率が他の産業と比べても高いからである。第 1 章では北海道産業の現状を確認し，外から移入された自動車産業と，北海道のアドバンテージを活かせる可能性のある食品産業を中心に，北海道工業の可能性を検討している。

　第 2 章では，農産物のブランド化を扱ったものである。北海道の農業は，非常に多くのブランド化の成功事例を擁しており，農産物のブランド化成功は農業形成者の所得増加につながることも多く，今後も必須であると考えられる。しかし，農産物のブランド化の動きは全国で見られ，本来はブランド化することにより，一般的な商品競争から抜け出すことが目的だったにもかかわらず，ブランド化自体が競争の目的となっている感がある。第 2 章では，後志のニセコ町，十勝の清水町の生産者に対してヒアリングを行い，農産物のブランド化

を検討している。その際にキーワードとしたのが「6次産業化」である。6次産業化という言葉が使われて久しく、その使われ方も多様になっているが、ここで対象となった地域では、地域の農産物を利用した商品をPRすることで、農産物自体の知名度を上げブランドの確立を試みている。そこでは6次産業化は1次産業産品のブランド化のための手段としての意味を持たされている。地域がブランド化に注力するのは、すでに北海道ブランドあるいは十勝ブランドといった強力なブランドが形成されており、各地域はその中でひとまとめにされてしまい、埋没している現状があるからである。大きなブランドの中に含まれるとある程度の利益は確保できるが、企業家的超過利潤を手にすることが難しくなる。地域の農業経営者がより大きな利益を手にするためには、より詳細なブランド化、差別化が必要となることは自明であろう。

　第3章は、北海道の地域金融を扱った極めて重要な実証研究である。アベノミクスは、デフレを克服し、貨幣を日本全国に行き渡らすことで経済成長を促そうとする一大実験である。これは2000年前後から行われてきた超低金利政策から進んで、金利水準ではなくマネタリーベースと実質物価水準をターゲットとして行われた。しかし、関東圏や東海圏、北九州圏に比べて地方ではその効果の発現は大きく遅れている。第1の理由は、大量の貨幣が経済の中に注入されても地方にはそれを受け入れる産業がないことであり、第2の理由が、超低金利が続くことで地方の金融機関の経営状態が悪化し、貨幣を実体経済に注入するパイプとしての役割を果たせていないことにある。第3章は、道内金融機関の経営状態を詳細に分析し、現在の金融政策が地方の金融機関に対してどのような影響を与えるかを明示した研究である。

　第4章は、電子通貨の登場により改めて評価されつつある地域通貨の小樽における実験の結果に基づく研究である。地域通貨は、日本でも2000年代に急速に拡大し、地域再生の手段として注目された。しかし、その運営に膨大な労力を必要とするため、長期にわたって活発に利用されているケースは少ない。だが、近年の仮想電子通貨技術の普及により、地域通貨に仮想電子通貨としての機能を付加することで、管理や利用に関する利便性が格段に向上し、また他の機能との連動により地域での生活の支援に役立つようになった。小樽市では、ブロックチェーン技術の登場以前から電子地域通貨の実証実験を行い、紙券に

よる地域通貨との比較が可能となっている．第4章は，小樽市民へのアンケートなども合わせてこれまでの実験をまとめたものである．

　第5章は，北海道における防災について論じたものである．他の地域と同様，北海道でも近年大型災害による被害が続いている．温暖化の進行により，これまではあまり見られなかった台風や大雨による被害が毎年のように発生し，交通網の断絶や農産物への被害が地域経済を傾けるほどになっている．また太平洋岸に比べ比較的安全と思われていた札幌市ですら，2018年9月の北海道胆振東部地震では，清田区を始めとする地域で大きな被害が発生した．現在，北海道の防災対策は新たな局面に入っていると言ってよい．第5章では，東日本大震災で，空前の被害を出した津波による影響を，釧路市を対象としてエージェントベース・シミュレーションを用いて検討したものである．エージェントベース・シミュレーションは，近年の防災研究では必須の手法となっており，従来の手法より現実的でかつ盲点の発見に役立つことが知られている．本研究と同じ検討が，今後全道の都市で行われることが期待される．

　第6章と第7章は，小樽を中心とした北海道の観光の課題と可能性を論じたものである．北海道は，昭和40年代に観光地として急速に成長したが，バブル期に海外を含めた旅行先の多様化が進んだ結果，低迷を続けていた．しかし，2000年以降のアジア経済の急成長は，日本の他の地域以上に北海道の観光の活況の原因となった．特に，他の地方以上にアジアの旅行客にとって北海道は一大ブランドであり，意図しない来訪者により救われた観光地も少なくない．

　政府のインバウンド振興政策もあり，各地では外国人観光客の誘致合戦が繰り広げられている．しかし，道内の多くの観光地は昭和40代の日本人観光客を対象とした薄利多売型のビジネスモデルから脱却できておらず，飲食・宿泊業の賃金は低いままである．また，北海道胆振東部地震による風評被害の拡大は，インバウンドに支えられた北海道の観光の基盤が脆弱であることを露呈させた．もともと，通過型が多い地方都市においてインバウンドの経済的影響は限定的である．北海道において観光が産業の中核を占めるためには，これらの問題を解決しつつビジネスモデルと大きく転換する必要がある．地方の観光を着地型に改善し，滞在時間を延長するための一つの方法として，近年注目されている手法として，ダークツーリズムが挙げられる．これは従来の明るくきれ

いでおいしいものを楽しむ観光とは異なり，地域の悲劇の地を訪れ，その地に継承される悲しみの記憶に共感することで，訪問先に対するより深い理解を基礎とした観光形態である。北海道のほとんどの町は日本の近代化の中で建設されてきた経緯があり，その過程で必ずと言っていいほど悲劇の歴史を抱えている。通常，これらの歴史には観光客は教科書的な触れ方しかできないが，観光地の方が見せ方を工夫することで見たものの共感を呼び起こすことができる。第6章では小樽の労働争議と戦争の遺産を通じた新しい観光の可能性を探っている。

　第7章は，近年急増している外国人観光客が，観光地のイメージにどのような影響を与えているかを研究したものである。これまで，観光客と観光地の関係を研究したものは散見されたが，外国人観光客が増加したことが観光客の間でどのように受け止められているかを考察した調査はほとんど見られなかった。外国人観光客が増加することで，観光地が「非日本化」し，そのブランド力を低下させる危険性があることを示しているという点で，この研究はすべての日本の観光関係者が見ておく必要があるものとなっている。

　なお本書の出版には，北海道信用金庫様からの奨学寄付金をあてさせて頂いた。北海道信用金庫様には心より感謝申し上げます。

　本書で取り上げた以外にも，北海道は多くの課題を抱えている。それらの課題に対する議論は本書では言及できないが，本書で採り上げた問題と同じく，中央の政策だけでは解決できないものがほとんどであろう。道民自身が課題とその原因を認識し，その改善のために尽力しなければ北海道経済の成長はあり得ない。札幌ですら近い将来人口減少都市となる現状において，中央の政策と財政に依存した現状が維持不可能なのは明らかである。本書が，北海道民自身の北海道改革の一助となれば幸いである。

2018年10月8日

江頭　進

目　次

序〈江頭　進〉　*i*

第 1 章　北海道の工業化—現状と課題
　　　　〈穴沢　眞〉———————————————————————————*1*
1　はじめに　*1*
2　北海道製造業の実態　*2*
3　工業化の波及と自動車産業—外からの工業化　*8*
4　内発的経済発展と食料品産業—内からの工業化　*15*
5　結　語　*19*

第 2 章　北海道における農産物ブランド化の課題と展望
　　　　〈後藤英之〉———————————————————————————*23*
1　はじめに　*23*
2　日本の農業生産の現状と課題　*24*
3　農産物のブランド化についてのアンケート調査　*28*
4　十勝清水町農業協同組合における農産物ブランド化の取り組み事例　*35*
5　おわりに　*40*

第 3 章　財務構造からみた道内金融機関のビジネスモデル
　　　　〈齋藤一朗・林　晃平〉————————————————————*43*
1　はじめに　*43*
2　金融機関のバランスシートとビジネスモデル　*45*
3　金融機関の損益構造と収益性　*53*
4　道内金融機関の収益性動向　*60*
5　道内金融機関の収益性と健全性　*69*

第 4 章　北海道小樽市における電子地域通貨の社会実験
　　　　—域内経済循環の構築に向けた現状と課題
　　　　〈宮﨑義久〉———————————————————————————*79*
1　はじめに　*79*
2　実験の予備的調査　*81*

3 流通実験の概要　*94*
  4 流通実験の結果　*99*
  5 さらなる課題と今後の展望　*103*
  6 むすびにかえて　*105*

第5章　北海道社会における地域防災
　　　〈深田秀実〉 ───────────────────*109*
  1 はじめに　*109*
  2 北海道における津波防災　*109*
  3 釧路市における津波防災　*112*
  4 釧路市橋北地区における津波避難シミュレーションの概要　*117*
  5 エージェントの定義　*119*
  6 シミュレーション結果　*120*
  7 ま と め　*121*

第6章　ダークツーリズムスポットとしての小樽の可能性
　　　〈江頭　進〉 ───────────────────*125*
  1 はじめに　*125*
  2 ダークツーリズムの定義　*128*
  3 小樽におけるダークツーリズムスポットの候補　*129*
  4 小樽におけるダークツーリズムの意義　*140*
  5 まとめ　*142*

第7章　異文化観光客間の相互知覚と社会的相互作用
　　　──ニセコスキーリゾートにおける観光客セグメントの互換性管理への示唆
　　　〈プラート カロラス〉 ───────────────*145*
  1 はじめに　*145*
  2 本研究の背景　*146*
  3 先行研究レビューと研究課題　*150*
  4 研究方法とデータ　*152*
  5 調査結果　*155*
  6 ディスカッション　*162*
  7 本研究の限界と今後の課題　*166*

　　索　　引　*171*

北海道社会の課題とその解決

1 北海道の工業化
―現状と課題

1 はじめに

　国内の各地域の産業構造は必ずしも国全体のそれと同じである必要はなく，それぞれの地域の要素賦存状況に依存するものである。従って，北海道の要素賦存状況，特に広大な土地を有するということを考えると，農業などに比較優位を持つことは明らかであり，三大都市圏などのように幅広く，重層的な製造業部門を持たねばならないわけではない。しかし，製造業の持ついくつかの特性は当該地域にプラスの経済効果を持つことも否定できない。製造業は農業よりも季節変動が少なく，生産性も一般的に高い。また，産業の集積により，集積が集積を生むという傾向があり，加速度的に工業化が進む可能性がある。さらに，スピンオフにより，新たな起業が誘発されることも利点といえる。

　これまで，後進国や地域にとって工業化は経済発展の中心的な事項であった。近年，ICTの進展などにより，工業化を充分に果たさずに第3次産業の成長が進む国や地域が現れており，工業化のみに依存する経済発展戦略は過去のものとなりつつある。しかし，実体経済を反映し，安定的な雇用を創出する製造業の重要性が著しく低下したわけではない。また，IoTや第4次産業革命により，ドイツ，アメリカ，中国では新たな製造業の発展が国を挙げて進められている。わが国でもこれらの国々に後れをとらぬよう，様々な試みがなされている。

　本稿では北海道の製造業を取り上げ，製造業の現状を概観したうえで，経済発展論の知見を交えながら，北海道の製造業について考察を加える。基本的には国内他地域と比べ，工業化の遅れた北海道を同様に工業化の遅れた状況から急速な工業化を進めた発展途上国の工業化と対比させながら，現状と今後の在り方を考える。また，その際に，ある程度，メインプレヤーを特定し，彼らの

役割も念頭に置きながら議論を進める。

　歴史的に道外からの工業化の大きな波が北海道に達することなかったが，近年の輸送用機器産業の誘致により，道外，いわゆる「外」の資源を活用しての工業化が展開されている。一方で，道内，いわゆる「内」の力を活用する動きもあり，その代表である食料品産業を取り上げて分析を加える。

　本稿の構成は以下の通りである。まず，2節では北海道の製造業の実態を様々な数値をもとに概観する。また，時系列での変化についても言及する。続いて，3節では工業化の波及についての考えをみたうえで，これまで，東京などの経済の中心地からの工業化の波が北海道まで届かなかった理由を考察し，その後に，北海道が盛んに誘致を進めている輸送用機器産業，特に自動車部品産業について外からの工業化という観点から分析を加える。ここでは産業集積の少ない北海道において本州から企業を誘致する意味を発展途上国の直接投資受け入れや外資主導の工業化と対比させながら考える。4節では北海道の企業が主導的な役割を果たしうる食料品産業を取り上げ，内発的経済発展，内からの工業化という観点から検討する。5節は結語である。

2　北海道製造業の実態

　以下では北海道における製造業の位置付けや実態を様々な指標を用いて分析する。まず，北海道は製造業出荷額でみる限り，全国17位に位置し，関東以北では最大である。次にGDP（道内総生産）をもとに製造業のシェアをみる。2015年度の道内総生産に占める製造業の比率は10.3%であり，前年の9.1%から大幅に増加している。日本全体ではGDPに占める製造業のシェアは2015年（暦年）で20.9%であった。日本全体でも前年に比べ1.0%増加している。しかし，長期的な傾向としては，製造業の対GDPシェアは減少している。ペティーの法則ともいわれるが，経済発展に伴い，一般的に主導産業は第1次産業から第2次産業へ，そして第3次産業へと移り変わり，相対的に第1次と第2次産業の対GDPシェアは低下する。ただ，北海道の場合，製造業のシェアは日本全体の数値と比べて，およそ5割であり，この傾向は長期的に変化していない。2014年のGDPにおける製造業のシェアは全国が18.7%であるのに対し，

北海道のそれは 8.6％であった。また，対 GDP だけでなく，就業者数でみた場合でも同様の傾向がみられ，2017 年の日本全国での製造業の就業者シェアは 16.2％であったが，北海道のそれはその半分に近い 8.4％であった。

　図 1-1(1) と 1-1(2) は全国と北海道の製造業出荷額の内訳をみたものである。同図にあるように日本全体では加工組立型[1]に分類される自動車を代表とする輸送用機器，電機・電子関連，生産用機械などが主要産業となっている。これに対し，北海道では食料品，パルプ・紙・紙加工を含む地方資源型産業[2]が 40％を超えている。また，石油製品・石炭製品は出荷額では 17.8％と食料品に次ぐ額となっている。同産業は基礎素材型[3]に分類される。

　より詳細に北海道の製造業の構成を日本全体のそれと対比させながらみていく。既に成熟した工業国である日本は一部の生産を海外に移転してしまい，海外生産比率が製造業全体で 25.3％（2015 年）となっており[4]，自動車産業などでは海外生産比率が約 50％にまで達している。このように国内出荷額だけで我が国製造業の世界規模での実態を示すことはできず，より，国内市場指向性の高い産業や国内での製造に競争優位を見出している産業が国内での生産を維持しているといえる。このような前提に立ちながら全国の出荷額をみていくと，上記のように自動車に代表される輸送機器が 20.6％と首位をキープしている。日本全体では産業構造が高度化しているため，産業の多様化が進み，化学工業，食料品が輸送用機器に続き，電機・電子関連，生産用機械，鉄鋼が並ぶ。

　これに対し，北海道の場合，食料品が 33.6％と出荷額の約 3 分の 1 を占めている。全国のそれが 9.0％であることを考えるとその比率は非常に高い。次に石油製品・石炭製品が 17.8％という比率を占めている。全国の数値が 4.6％であるため，同産業の比率も全国に比べ非常に高いことがわかる。鉄鋼やパルプ・紙・紙加工は長く北海道の製造業において中心的役割を果たしてきた産業

---

1) 加工組立型には金属製品，一般機械，電気機械，輸送用機器，精密機械，武器が含まれる。
2) 地方資源型には食料品，飲料・たばこ・飼料，繊維工業，木材・木製品，パルプ・紙・紙加工，窯業・土石製品が含まれる。
3) 基礎素材型には化学工業，石油製品・石炭製品，鉄鋼，非金属が含まれる。
4) 経済産業省「第 46 回海外事業活動基本調査概要，2015 年実績」2017 年 4 月 25 日。

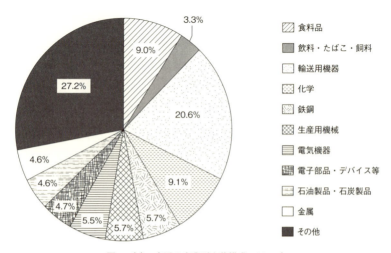

図1-1(1) 全国の産業別出荷構成 2015年

(出所:総務省・経済産業省「平成28年経済センサス-活動調査産業別集計(製造業)に関する集計(概要版):結果の概要(工業統計調査結果との比較)」2017年9月25日)

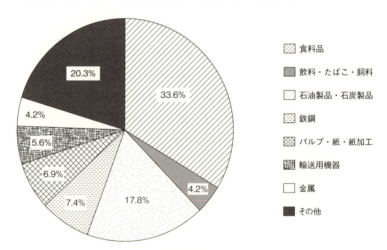

図1-1(2) 北海道の産業別出荷額 2015年
(出所:北海道「道民経済計算」2016年)

である。一方,この後の節でも取り上げるが,輸送用機器が近年,本州企業の進出もあり,その比重を高めている。特に,輸出における貢献が大きいことも同産業の特徴である。

これまで出荷額をみてきたが，製造業内でどれだけの価値が付けられたかを知るためには付加価値額でこれをみる必要がある．図1-2は北海道の製造業の構成を付加価値額でみたものである．食料品（34.4％）やパルプ・紙・紙加工（9.2％）のような地方資源型産業の比率が高くなるが，石油製品・石炭製品のように出荷額では17.8％を占めた産業も，海外の地下資源に依存するため付加価値額では5.7％にまでシェアが下がっている．同様に輸入資源を多用する鉄鋼でも付加価値額のシェアは出荷額のシェアを下回っている．一方で，輸送用機器や金属では逆に付加価値額のシェアが出荷額のシェアを上回っている．

図1-3(1)から1-3(4)は過去30年間の北海道の製造業内の事業所，従業員，出荷額，付加価値額の推移をみたものである．事業所数は近年，一貫して減少しており，約5,000にまで減少し，1990年代前半の半分ほどになっている．既にみたように従業員数も減少傾向にあるが，こちらは近年，減少に歯止めがかかっている．出荷額については5兆円から7兆円の間で推移してきているが，2010年以降，一旦増加したものの，直近では減少に転じている．出荷額は景気動向などにより左右されるため，多少の変動は起こりうるものである．一方で，付加価値額については1990年代初めから近年まで減少傾向にあり，図にはな

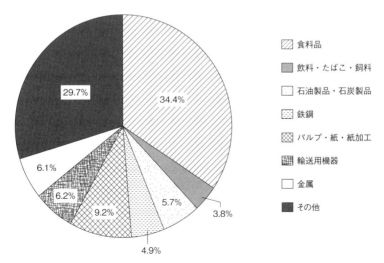

図1-2 北海道の産業別付加価値構成 2015年
(出所：北海道「道民経済計算」2016年)

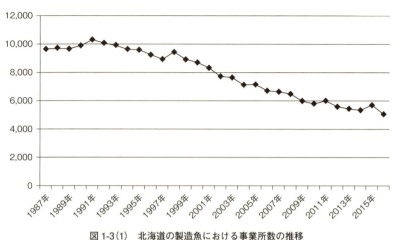

図 1-3(1) 北海道の製造業における事業所数の推移
(出所：北海道「道民経済計算」2016 年より筆者作成)

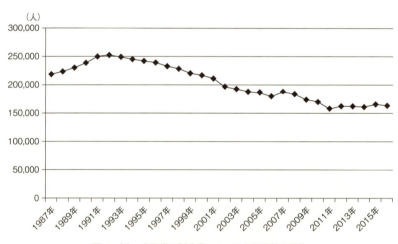

図 1-3(2) 北海道の製造業における従業員数の推移
(出所：北海道「道民経済計算」2016 年より筆者作成)

いが，2005 年から 2014 年にかけて出荷額に占める付加価値額も低下しており，2015 年，2016 年に若干持ち直したものの 1990 年代から 2000 年代初めまでの安定した数値にまでは回復していない。製造業での生産活動から生み出される価値が減少傾向にあることは望ましい姿ではない。

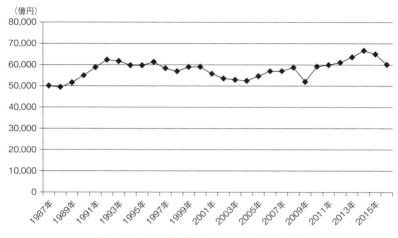

図1-3(3) 北海道の製造業における出荷額の推移
（出所：北海道「道民経済計算」2016年より筆者作成）

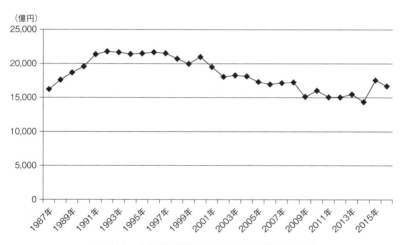

図1-3(4) 北海道の製造業における付加価値額の推移
（出所：北海道「道民経済計算」2016年より筆者作成）

　製造業はGDPのシェアは低いものの，北海道の輸出に占める比率は高い。2017年の北海道の輸出額は3,920億円であり，日本全体の輸出のわずか0.5%を占めるに過ぎない。しかし，この少ない輸出の上位を占める品目をみると輸送用機器が20.8%，鉄鋼が12.0%，一般機械が11.2%，有機化合物8.5%などと

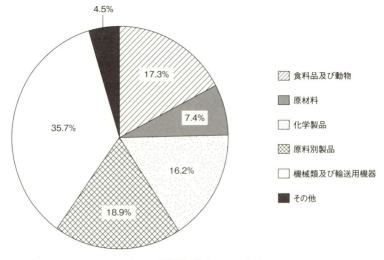

図1-4 北海道の輸出 2017年度
（出所：函館税関ホームページ）

なる。後述するが，食料品関連（加工食品を含む）は17.3％を占めるが，そのうち13.7％は魚介類及び同調整品であり，ホタテが大半を占めている。換言すれば，道内の加工組立型産業はその出荷額の比率は低いものの，国際的な競争力を持つといえ，出荷額の多い食料品よりも輸出に貢献しているといえる。

3 工業化の波及と自動車産業――外からの工業化

● 3.1 工業化の波及

製造業は経験的に世界または各国の中心地から周辺地域に波及して行くという歴史を繰り返してきた。ミュルダール（Myrdal 1957）は経済発展の国内での求心力と遠心力によりこれを説明しようとした。当初，経済活動が中心地に向かうという求心力が働くが，やがて逆方向に遠心力が働き，周辺地域へ波及すると考えたのである。これはある国や地域で観察されるだけでなく，国際的にも起こりうると考えた。ガーシェンクロン（Gerschenkron 1962）はヨーロッパでの事例から，後発国（地域）は先進国（地域）で開発された技術などを

活用できるため，後発性利益を有するとした。赤松（Akamatsu 1962）はアジアの経済発展の状況を，先行する日本に続き他の国々が追いかける様子を雁が飛ぶ姿に擬え，雁行形態論を提唱した。さらに，より直接的に後発国が先進国を追いかける状況をキャッチアップと呼ぶこともある（末廣 2000）。経済発展論では長く，経済発展と工業化を同義として扱ってきた。一般化していえば，工業化の波が先進国（地域）から後発国（地域）に波及するといえるのである。

生産立地については空間経済学や経済地理学の知見も多い（Krugman 1991）。また，クラスター理論[5]（Porter 1990）では特定地域に特定産業が集中する理由を説明している。

いずれにしても一定の集積が形成されることが工業化の利点であり，集積は製品構造を変えながらも，または形を変えながらも継続するものといえる。それゆえに，発展途上国は国内産業を保護したり，多国籍企業の進出を促進することにより工業化を急いだのである。

前述の遠心力やキャッチアップの考えに従えば，北海道もより進んだ東京圏からの工業化の波にのるチャンスがあったはずである。しかしながら，工業化の大きな波は結果的に北海道に達することはなかった。歴史を振り返ると北海道に工業化の波が押し寄せるチャンスは2回あったといえる。

最初の波は高度経済成長の末期，重化学工業化がそのピークを越えようとしていた時代であった。「第3期北海道総合開発計画」（1970年7月閣議決定）の中で苫小牧東部の開発が企図され，1971年にマスタープランが立てられ，大規模な石油化学コンビナートの建設が計画された。しかし，1973年の第1次石油ショックもあり，また，産業構造の大きな転換期であり，小林（2010）が指摘したように，結局，大規模石油化学コンビナート計画は頓挫し，これにより重化学工業化の波は北海道に及ぶことはなかった。

第二の工業化の波及の可能性が電機・電子や自動車産業に代表される加工組立型産業における三大経済圏からの波及効果として期待された。九州は各県に飛行場を持つため，その利便性を発揮し，半導体関連産業の移転先となった。

---

5) クラスターは集積とほぼ同義に使われることがある。特定地域に特定の産業及び関連産業が集まることを指す。

そのため，九州はシリコン・アイランドの別名を持つほどになった。また，電機関連産業も首都圏などでの賃金，地価などの高騰により，東北地方へ工場を移す動きがみられた。しかしながら，1985年以降の急激な円高により，企業はその戦略を大きく変化させざるを得なくなった。大消費国である米国と生産基地となるアジア各国に工場が移転され，日本国内での加工組立型産業での波及の波はまたしても北海道に達することはなかった。

近年，工業化の波及のメインプレーヤーとして国際的には多国籍企業の役割が重視されている。発展途上国は自国の工業化の促進のため，様々なインセンティブを用意し，多国籍企業の誘致に励んでいる。これは海外直接投資であるが，国内においては各地方自治体による国内企業誘致がほぼ同様な波及の役割を果たしている。

海外直接投資にしろ，国内での企業誘致にしろ，その本質は経営資源の移転である。誘致する側は企業の持つ経営資源の移転とそれらを用いた経済活動からの直接効果（雇用など）と間接効果（地場調達など）を期待する。その際，間接効果は受け入れ国や地域の産業集積により規定される。また，経営資源は企業内，すなわち親会社から子会社に対しては，スムーズな経済活動をするために優先的にまた戦略的に移転される。しかしながら，企業間での経営資源の移転は必ずしも起こるとは限らない。これは企業間の経営資源の移転にかかるコストをどのように賄うかという問題でもある。

次項では北海道がその誘致に積極的な自動車産業を取り上げ，より具体的に企業誘致と経済的な波及について考える。

● 3.2　自動車産業の発展

前節でみたように近年，北海道では輸送用機器に含まれる自動車産業，特に自動車部品産業が急速な成長をみせている。輸送用機器には伝統的に北海道に根付いていた造船なども含まれるが，自動車部品は北海道が主導産業と位置付け，積極的にその誘致を進めた産業である。表1-1は北海道に進出した自動車関連企業の一覧である。古くは1973年に千歳に進出したダイナックス[6]，1984

---

6) 大阪のエクセディの子会社である。

表 1-1　北海道に進出した輸送機器関連企業

年	企業名
1973 年	ダイナックス
1984 年	いすゞ
1991 年	トヨタ北海道＊
2006 年	アイシン北海道＊
	三和油化工業＊
	佐藤商事
	三五北海道＊
2007 年	松江エンジニアリング＊
	岡谷岩井北海道＊
	ウメトク＊
	デンソーエレクトロニクス
	光生アルミ北海道＊
2008 年	むろらん東郷
	北海道スメルティングテクノロジー＊
2011 年	大岡技研
2012 年	メイトク北海道
	シーヴイテック北海道＊
2013 年	新東工業＊
2014 年	不二電子工業
2015 年	シーケービー
	荻窪金型製作所
	アイエスケー

注：＊は愛知県から苫小牧市に進出した企業。
(出所：北海道自動車産業集積促進協議会「北海道自動車集積促進アクションプラン (2017-2020)」平成 29 年 6 月)

年に進出したいすゞが代表格であるが，1991 年のトヨタ北海道の進出が一つの転機になったといえる。2006 年以降，北海道による積極的な誘致もあり，トヨタ系の大手部品メーカーであるアイシン，デンソーが北海道に進出した。さらには，いわゆるバンドワゴン効果により，多くの企業が北海道への進出を果たした。特に，星印のある企業は愛知県から苫小牧に進出した企業であり，新たな生産基地として苫小牧地区が選択され，少しずつではあるが産業集積が進みつつあることを示している。大手企業の進出がさらなる企業進出の呼び水となったことは産業集積への貢献ではあるが，一方で，道内企業の参画はさほど進んでいない。依然としてメインプレーヤーは道外から進出した企業であり，その後の波及効果や進出に伴う間接効果が限られているといえる。

図1-5は自動車関連の道内調達率を示している。生産のために購入される部品等のうち，どの程度が道内から調達されたかを示す数値である。2007年には約10％であったこの数値は2008年から2013年までほぼ12％から13％で推移していたが，2014年以降増加傾向を示し，2016年には20％を突破した。これらは大手6社[7]の部品の調達率であるが，設備等を含めると調達率は30.3％となる。これらの数値を高いとみるかどうかは意見の分かれるところであるが，既に多くの自動車一貫生産工場が進出した九州をみると九州域内からの調達率が約70％となっている[8]。この数値と比べるとまだ北海道の数値は成長の余地があることを示している。

図1-5にみられる増加傾向の要因の一つは，前述したような本州から北海道に進出した企業が大手の部品メーカーへの納入を増加させていることによるといえよう。一方で，既存の道内企業からの納入はもちろん増加しているが，納入企業数をみると既存の道内企業だけでこの増加を説明することは難しいといえる。

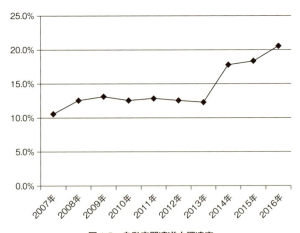

図1-5　自動車関連道内調達率
（出所：北海道自動車産業集積促進協議会「北海道自動車集積促進アクションプラン（2017-2020）」平成29年6月。日本経済新聞2017年9月15日）

---

7) トヨタ北海道（苫小牧市），アイシン北海道（苫小牧市），いすゞエンジン製造北海道（苫小牧市），ダイナックス（千歳市），デンソー北海道（千歳市），パナソニックスイッチングテクノロジーズ（帯広市）。
8) 日本経済新聞2017年9月15日。

自動車関連産業については既に，玉井・乙政（2010）にその詳細が記されているため，ここではできるだけ重複は避けるが，興味深い記述が多くみられる。同論文では北海道新聞の記事などを丁寧に拾い上げ，その全体像に迫ろうとしている。道内企業の中にも大手企業との取引を始めるため，多くの努力を惜しまなかった企業があることが記述されているが，他方で，道内企業の弱点なども道外企業の視点から記述されている。それらの中には，以下のものがある。
・技術力はあるが，コスト競争力がない
・安定的量産体制を持っていない
・QCD（品質，コスト，納入）全般が弱い
・受注に対する意欲に欠ける
　これらは道内企業に対する道外大手企業の率直な感想であろう。このような状況を改善するため，道外出身企業はいくつかの手段を用いる。その一つは社内での部品等の生産を増加させるという対応である。いわゆる内製化率を上げることにより，周辺から購入できない部品等を自社内で生産するのである。次に行われることは大手企業による地場企業の育成である。玉井・乙政（2010）にあるように，またメディアでも何度となく取り上げられているように，道内企業への技術者の派遣や企業に呼んでのインターンシップ，研修会などが育成方法に含まれる。これらは波及効果，間接効果を生み出すものであるが，育成には当然コストがかかる。できれば企業としてはこれらのコストを避けたいが，道内からの調達は輸送コストを下げるため，これを考慮すると長期的に調達コストの軽減に役立つことも事実である。このため，企業は長期と短期のコストを勘案したうえで，最善の方法を考えるが，地方自治体からの補助金なども一部，コストを下げる働きを持つ。表1-1にあるように愛知県からの企業進出は既に大手企業が要求する水準を満たしている企業の進出であり，新たな育成コストを含まないものである。さらには，前述のように彼らの進出は道内での調達率の上昇に貢献する。
　このような道外企業の北海道進出とそこで直面する問題の多くは，道内に産業集積がないことに起因している。同じく産業集積のない発展途上国への日本企業の進出の際にみられた状況と類似している。そこでの工業化は外資系企業に依存し，もともと受け入れ国にはそれらを支える産業集積はない。そのため，

日系企業などの外資系企業は地場企業の育成を行うが，部品の多くは大手企業の後を追うようにして進出してきた外資系の部品メーカーに依存することとなる。その結果，産業全体が外資系企業に大きく依存する体質が形成される場合がある。これも多くの部品を必要とする加工組立型産業において典型的に観察される事実である。

外からの工業化は集積のないところに集積を形成するプロセスでもある。しかし，その道のりは決して平坦ではない。ここで考慮すべきは工業化のメインプレーヤーが誰であるかということである。発展途上国の場合，多くを外資系企業（多国籍企業）に依存することは急速な工業化や製造業の成長には寄与するが，技術移転が進まないことや純粋な地場企業からの調達が増えないなどの問題が発生した。

日本国内での企業誘致の場合，状況は若干異なる。産業集積が進んでいない場合でも技術水準は一般的に低くはない。また，技術移転なども海外とは異なり，言葉の問題や教育のレベルの問題などがないため，比較的スムーズに進む。国内での移転のため，道内での雇用が増大するだけでなく，道外からの人の移動を促進する可能性もある。

一方で，技術力はあっても安定的に量産体制を維持することは容易ではなく，大手企業の要求する品質のレベルを維持しつつ，大量生産を行うことは難しく，また，そのための新たな投資も大きな足枷となりうる。さらに，これまでの道内での商習慣やマインドは短期間では変わるものではない。企業誘致から生じる間接効果，特に企業間の経営資源の移転には時間がかかり，これらは基本的に企業間取引を前提とする。そのため，道内企業の経営者の意識が高くなければ，継続的な経営資源の移転は行われない。これらは今後の課題といえる。

そのほかにもいくつかの課題が指摘されうる。これまでの補助金を用いての企業誘致は短期的には地方自治体の負担ともなる。しかし，長期的な観点から，産業の集積，道内企業の底上げ，人材の育成を考える必要がある。企業誘致がさらなる企業誘致を誘発することも重要である。もとより，集積やクラスターの形成は決して一朝一夕になされるものではない。長期的な展望に基づき，明確な方法性を維持して行くことが肝要であろう。

自動車産業自体は雇用の創出，輸出への貢献が大きいことも事実である。た

だし，世界的に競争の激しい産業の一つであり，また，道内に一貫生産工場を持たない現状では，東北地方との協力も重要である．また，自動車関連での集積を活用しつつ，製品構成を多様化することも重要であろう．

現在，自動車産業では中国を筆頭に急激に電気自動車への転換が進みつつあり，これにより，自動車自体の構造の変化，延いては生産方法の変化も予想される．状況の変化に機敏に対応する能力をいかに構築していくかも大きな課題である．

自動車産業は集積の利益を最も享受している産業の一つである．すなわち特定の地域に関連する企業が集まり，ヒト・モノ・カネ・情報が密接につながることにより，そこに生産に最適な空間が形成されるのである．北海道であれば，苫小牧周辺に自動車関連企業が集中し，集積を形成しつつある．一方で，多くの集積を北海道内に作り上げることは非常に難しい．集積の形成には時間がかかり，また，需要により集積の大きさが決まる．現状では苫小牧周辺以外に自動車産業の集積を新たに形成することは難しく，さらに苫小牧周辺以外に波及する可能性も少ない．工業化のレベルという観点では苫小牧周辺地区が突出し，他地域との格差が生じる可能性も否定できない．

4 内発的経済発展と食料品産業—内からの工業化

● 4.1 内発的経済発展

ここではまず，前節との対比として，いわゆる内からの経済発展または工業化という観点から内発的経済発展について言及する．内発的経済発展という考え方はもともと発展途上国が先進国由来の技術やシステムに依存するのではなく，独自の，そして当該地域にとって最適な発展を指向するものである．経済発展は必ずしも外部から持ち込まれるものではない．外部との接触により，新たな技術や商品が入り，新たな経済活動が始まることを否定するものではないが，内発的経済発展は単に先行する国や地域を模倣するだけでなく，自らの有する資源を自らに合う形で活用し，地域に根差し，経済環境に適応するような経済発展の方向性を指向するものである．その際のメインプレーヤーはそこに居住する人々と企業である．そして，地場の産業を基盤としていかに経済を発

展させるかを考えるのである。

　工業化の波及が外部から参入した企業により進められるケースを自動車産業でみたが，これとは対照的に地場企業が地元の資源を活用し，その地域に最も適した発展を考えることもできる。もちろん工業化の在り方や可能性は多岐にわたり，優劣をつけるべきものではなく，外からの工業化も内からの工業化もどちらも北海道にとって必要である。

　前節で取り上げた自動車産業は典型的なグローバル産業である。そのため，グローバルレベルでの競争が激しく，メインプレーヤーは日米欧，さらには中国の企業である。生き残りは既存の大企業にとっても容易とはいえない。このような企業と共に国際的に競争する協力企業も同様の努力が要求される。

　一方で，加工組立型産業のみに依存するのではなく，自国が競争優位を持つ第1次産業を見直す試みが既に1980年代に当時は農業国であったタイにおいて進められていた（末廣・安田1987）。タイの第6次経済計画（1986年～1991年）で名付けられた，いわゆるアグロベース産業を中心に工業化を進めようというNAIC（Newly Agro-Industrializing Country）型の工業化である。タイ以外でもマレーシアでは天然ゴムやパーム椰子（小井川 2015）などが代表的な品目である。単に原材料となるこのような農産物を生産するだけではなく，それらを国内で加工し，付加価値を高め，さらに輸出に結び付けるようというのである。

　これを北海道に当てはめるとすれば，魚介類の加工，乳製品のさらなる加工などがあげられよう。近年，よく耳にするようになった6次産業化なども1次産品の高付加価値化の取り組みとみることもできる。

● 4.2　食料品産業の発展の方向生

　広い大地を持つ北海道において，前述のように食料品産業は最も出荷額の大きな産業であるが，付加価値率では全国平均の3分の2にとどまっている。今後，さらに付加価値，生産性を上げることにより，食料品産業は単に生産額が多いだけでなく，第1次産業とのつながりを強化することにより，北海道の経済を主導する産業になる可能性を有しているといえる。

　食料品産業は道内産の食材を用いるという点で典型的な内発的発展産業の代

表である。そして，基本的に道内企業がメインプレーヤーとなりうる産業といえる。自動車産業が北海道にとって外来の産業であることとは対極にある。前節でも述べたように，工業化の国際的な波及は多国籍企業に主導されているが，このような流れとも一線を画し，地域に密着し，地場の原材料を用いる食料品産業は，農業などの産業との結び付きを持つ地方資源型であり，後方連関も強い産業といえる。また，製品差別化やブランド化により，大量生産や多額の広告宣伝費を投じなくともニッチな市場を開拓しやすい産業ともいえる。

食料品産業は地域と密着した産業である。土地や気候風土に影響され生産量が一定しないという不利な点はあるものの，加工度を高め，付加価値を高めることにより，単に原材料として市場に提供する場合よりも，より安定的な価格で市場に提供できるという利点がある。

もちろん，道産食料品のブランド化は決して容易ではなく，競争相手も多いが，アジアでの北海道の知名度を生かし，かつ，急増している外国人，特にアジアからの観光客の存在がさらなるブランド化に貢献するものと期待される。

図1-6は北海道の食料品関連輸出の推移を見たものである。北海道は2018年度の食品関連輸出の目標を1000億円に設定し，その達成に努力してきた。これまでのところ，2015年の約800億円がピークであるが，2013年以降，明ら

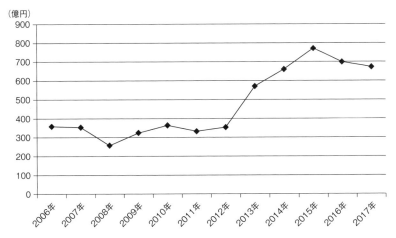

図1-6　道産食料品輸出額
(出所：函館税関ホームページ)

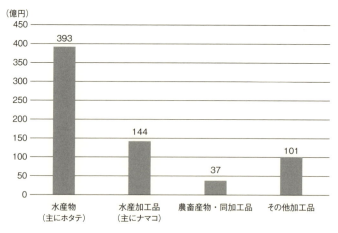

図 1-7　食料品輸出の内訳（2017 年）
（出所：北海道「北海道食の輸出拡大戦略推進状況報告書」2018 年 4 月）

かに輸出額は増加に転じた。図 1-7 は 2017 年の食料品関連輸出の内訳である。およそ 700 億円の輸出のうち最も大きなシェアを持つものが水産物である。水産物ではホタテが主要な輸出品となっている。これに続く，水産加工品ではナマコが主要な輸出品となっている。農畜産物・同加工品では長芋が輸出の約 4 割を占めている。2017 年に最も輸出が増加したものが，その他加工品であり，その中でも菓子類が約 81 億円と急増している。

　道内には多くの菓子製造業者があり，品質の高い道内産の乳製品などを用いることにより，国内のみならず，海外においても市場を拡大しているといえよう。加工度を上げ，付加価値を増大させるという点でも，このような菓子類は今後の北海道の食料品産業の在り方にとって示唆深いものであるといえる。菓子製造業者の中には海外展開を進めている企業もあり，単に輸出だけではなく，自ら市場を開拓して行くという，より積極的な姿勢をみせる企業もある。

　食料品産業の発展は前述のように内発的な発展を主導するものである。これは視点を変えると，原材料が一か所に集中することがなく，道内各地が供給基地となることができ，加工工場が分散すれば，地域主導型の分散型の工業化に資するものとなりうる。これは道内での地理的均衡成長に貢献するものであるともいえる。

内発的経済発展は地産地消という形態もありうるが，一方でインターネットなどの発展により，ニッチ市場への参入は格段に容易になってきている。これまで特定地域で生産された製品は当該地域でのみ認知され，消費される傾向が強かったが，北海道というブランドを活用し，北海道で生産された食料品が特にアジア各国に輸出されるようになっている。道内人口の減少，さらには日本国内市場の縮小を考えると，いかに海外市場に参入するかが重要となる。既に海外展開を進めている産業，企業もあり，流通を含め，それを支援するビジネスも拡大している。個々の企業は小規模であり，輸出などの海外展開の経験も浅いが，国や地方自治体などの支援もあり，参入障壁は徐々にではあるが下がりつつある。

5　結　語

　北海道の製造業の特徴は2節で述べたように，食料品産業など地方資源型の産業が優位にあり，一方で我が国で中心的な加工組立型産業の比率が低いことである。もちろん全国で一律の工業化が進められることは現実的ではないが，産業集積の違いを反映していることは事実である。出荷額では比率は低いものの，輸出に占める自動車関連など加工組立型産業の比率は高いものがある。同産業の競争力と世界的な生産ネットワークの証左でもある。

　3節では工業化の波が過去において，北海道まで届かなかった事実を指摘した。産業構造の変化や為替レートなどの経済環境の変化は一企業や一自治体レベルではこれを甘受しなければならない部分はある。道外からの工業化の2回の波をとらえきれなかった北海道であるが，独自性を維持するという観点からは決して悪いことではない。

　製造業の持つプラスの側面，年間を通じての安定的雇用，季節変動の少なさや調整可能性，技術の習得と普及，規模の経済性の活用などはもちろん道内経済にとっても必要なものである。その代表は自動車産業であり，北海道も積極的な誘致を行ってきた。その結果，主に愛知県から多くの企業が北海道に進出を果たした。これら企業による進出の直接効果，すなわち，雇用の増加，企業内での技術移転，輸出の増加などが観察される。一方で，地場企業からの調達

などの間接効果は充分発揮されているとは言い難い。一方で，大手企業の後を追うような愛知県からの企業の進出のように「進出が進出を呼ぶ」というプラスのサイクルがみられることも事実である。ただし，自動車部品メーカーの海外進出などに比べるとその動きが活発であるとも言い難い。誘致の果実をより大きなものにするには道内企業の積極的なビジネスへの参加が重要であろう。もちろん道外企業が地元に根付かないわけではないが，ここでもメインプレーヤーが誰であるかということが認識されるべきである。

　4節は内発的経済発展論の観点から地場企業がメインプレーヤーになりうる食料品関連産業に焦点を当てた。また，地場の原材料の使用や地域分散型になりうるメリットを指摘した。同産業は道内最大の製造業産業であるが，発展の余地はある。高付加価値化や差別化という戦略や北海道ブランドのさらなる強化も必要である。増加傾向にある輸出については流通経路や小口取引など改善が進めれられている。行政の後押しもあり，一層の拡大が望まれる。

　北海道の工業化を考える際に，発展途上国の経験も役立つ部分がある。後発の工業化という意味では共通点があり，もともとの産業構成，要素賦存状況にも共通点が見出される。

　発展途上国と同様に，後発であること自体は必ずしもマイナスではない。先行する地域の状況を参考とし，既存の各種政策の妥当性を検討しつつ，種々選択のうえ，最適なものを採用することができる。国内だけでなく海外の特定地域の成功例から学ぶこともできるであろう。

　近年，政策はより精緻化している。各国は他国の事例を研究し，学習効果により，当該国，地域にとって最適な政策を導き出すことができるようになっている。経済環境の整備，各種インセンティブの提供は依然として中央政府や各自治体の重要な役割の一つである。しかしながら，個別企業の自主的なビジネス活動があくまでも基本であることを忘れてはならない。

参考文献
[欧文文献]

Akamatsu, K. (1962) "A Historical Pattern of Economic Growth in Developing Countries," The Institute of Developing Economies, *The Developing Economies*, Preliminary Issue. No.1, March-August, pp.3-25.

Gerschenkron, A.（1962）*Economic Backwardness in Historical Perspective: A Book of Essays*, Cambridge, MA: Belknap Press of Harvard University Press.
Krugman, P.（1998）*Development, Geography, and Economic Theory*, Cambridge, MA: The MIT Press.（北村行伸・高橋亘・妹尾美起訳『脱「国境」の経済学―産業立地と貿易の新理論』東洋経済新報社，1994 年。）
Myrdal, G.（1957）*Economic Theory and Under-developed Regions*, London: G. Duckwort.（小原敬士訳『経済理論と低開発地域』東洋経済新報社，1959 年。）
Poter, M. E.（1990）*The Competitive Advantage of Nations*, New York: The Free Press, 1990.（土岐坤・小野寺武夫・中辻万治・戸成富美子訳『国の競争優位（上・下）』ダイヤモンド社，1992 年。）

[邦文文献]
穴沢眞（2010）『発展途上国の工業化と多国籍企業―マレーシアにおけるリンケージの形成』文真堂。
穴沢眞・江頭進編著（2014）『グローバリズムと北海道経済』ナカニシヤ出版。
宇野重昭・鶴見和子編（1994）『内発的発展と外向型発展―現代中国における交錯』東京大学出版会。
小井川広志（2015）「マレーシア・パーム油産業の発展と資源利用型キャッチアップ工業化」『アジア経済』アジア経済研究所　第 56 巻第 2 号。
小林好宏（2010）『北海道の経済と開発―論点と課題』北海道大学出版会。
末廣昭・安田靖（1987）『タイの工業化― NAIC への挑戦』アジア経済研究所。
末廣昭（2000）『キャッチアップ型工業化論―アジア経済の軌跡と展望』名古屋大学出版会。
玉井健一・乙政佐吉（2014）「北海道における自動車産業の競争力」穴沢眞・江頭進編著『グローバリズムと北海道経済』ナカニシヤ出版。

2 北海道における農産物ブランド化の課題と展望

1 はじめに

　我が国における農業は，長らく政府による政策下におかれ，農業技術の発展，農業の機械化・化学化の進展，流通の安定など一定の成果をもたらした。特に，労働生産性の向上，農業生産に対する自然的制約の緩和，労働作業負担の改善などが大きな成果といえる。しかしながら，現在，我が国の農業は様々な課題，問題を抱え，多種多様な観点から解決へのアプローチがなされてきている。しかし，現状ではこれらの解決には，いまだ程遠いと言わざるを得ない。これまで政府の政策による規制，保護下にあった農業は，人口減少，高齢化による国内食市場の縮小に加えて，自由貿易協定（Free Trade Agreement, FTA）や環太平洋戦略的経済連携協定（Trans-Pacific Partnership Agreement, TPP）などへの対応など，農業への自由な参入と国際的な競争環境にさらされている。農業者は，その事業継続を図るために，外部環境変化に対応した事業の再構築を求められている。そのためには，農業者は自らが経営者としての意識を持ち，戦略を立案・実行していく必要がある。その意味では，農業も他の産業と同様に聖域はないといえる。本稿では，我が国における農業構造を俯瞰し，農業における高付加価値化の視点から，農産物のブランド化展開に着目し，北海道ニセコ地域におけるアンケート調査，北海道十勝清水町における事例分析をもとに，農産物のブランド化の課題について考察することにする。

2 日本の農業生産の現状と課題

● 2.1 農林業センサスでみる農業構造の現状

まず2015年農林業センサスにより,農家戸数,農業就業人口[1],経営耕地面積等,日本の農業生産基盤動向について概観したい(表2-1)。最初に農家戸数の動きをみると,2015年の農家戸数は2005年に比べ11.9％減少し,357万戸となった。自給的農家[2],販売農家[3]別にみると,自給的農家の減少率は6.8％にとどまったのに比べ,販売農家の減少率は32.2％と自給的農家を大きく上回っている。販売農家の減少率が大きくなったのは,農産物価格の下落による販売金額の減少で販売農家の一部が自給的農家に含まれるようになったことも影響しているとみられる。次に農業就業人口をみると,2015年の農業就業人口は2005年に比べ37.5％減少し209万人となった。経営耕地面積も減少が続き,2015年の経営耕地面積は,2005年に比べ6.5％減の345万haとなった。その一方で耕作放棄地面積が2005年に比べ9.6％増加し42万haとなるなど,農地の減少と荒廃が同時に進む結果となっている。

次に,2015年農林業センサスにより北海道の農業生産基盤について,比較的規模の大きい販売農家についてデータを概観したい(表2-2)。北海道の販売農家は,この10年間で兼業農家の約5割が減少,専業農家はほぼ横ばいで推移している。都府県では,専業農家数は横ばいであり,専業農家は約4割減少している。これらの傾向は全国的な流れと考えられるが,北海道において,特に,兼業農家の減少が大きいことがわかる。北海道の農業においては,全国に比べて規模が大きく,専業農家が多いことが特徴となっているが,兼業農家の減少が続くなかで,規模の経済[4]の原理が働き,今後,その傾向はより強くなると考えられる。

北海道の農業就業人口(表2-3)をみると,2015年の農業就業人口は2005年

---

1) 本稿において,農業就業人口は「自営業に主として従事した世帯員数」を用いている。
2) 経営耕地面積が30a未満かつ農産物販売金額が50万円未満の農家。
3) 経営耕地面積が30a以上または農産物販売金額が50万円以上の農家。
4) 事業規模が大きくなればなるほど,単位当たりのコストが小さくなり,競争上有利になる効果。

2 北海道における農産物ブランド化の課題と展望

表 2-1 農業構造基礎指標の推移 (全国)(単位:千戸,千人,千 ha,％)

		2005 年	2010 年	2015 年	増減率（％）	
					10/05	15/10
農家戸数	合計	4,050	3,902	3,569	△3.7	△8.5
	自給的農家	885	897	825	1.4	△8.0
	販売農家	1,963	1,631	1,330	△16.9	△18.5
農業就業人口		3,353	2,606	2,097	△22.3	△19.5
経営耕地面積		3,690	3,629	3,451	△1.7	△4.9
耕作放棄地面積		386	396	423	2.6	6.8

(出所：農林水産省「農林業センサス」より筆者作成)

表 2-2 専兼業別の農家数の推移 (北海道・都府県：販売農家)(単位:千戸,％)

		2005 年	2010 年	2015 年	増減率（％）	
					10/05	15/10
北海道	合計	52	44	38	△15.3	△13.5
	専業農家	27	27	27	△1.6	△0.4
	兼業農家	24	17	12	△29.2	△29.4
都府県	合計	1,911	1,587	1,292	△17.0	△18.6
	専業農家	416	425	416	2.1	△2.0
	兼業農家	1,496	1,163	875	△22.3	△24.8

(出所：農林水産省「農林業センサス」より筆者作成)

表 2-3 農業就業人口の推移 (北海道：販売農家)(単位:千人,％)

		2005 年	2010 年	2015 年	増減率（％）	
					10/05	15/10
北海道	全体	132	111	97	△15.3	△13.3
	65 歳以上	45	38	35	△14.6	△9.4
	高齢化率（％）	34.1	34.4	36.0		

(出所：農林水産省「農林業センサス」より筆者作成)

に比べ26.6％の減少となっている。また，65歳以上の高齢者においては，数は減少しているが，その比率をみると，2005年に比べ1.9％上昇し36.0％となっており，全国と同様に農業就業者の人口減少が続く一方で，高齢者の比率が高

表 2-4　経営耕地面積の推移 (北海道：販売農家) (単位：千 ha, %)

	2005 年	2010 年	2015 年	増減率 (%)	
				10/05	15/10
経営耕地面積	966	941	901	△2.6	△4.3
耕作放棄地面積	7.8	5.8	5.6	△25.9	△3.5

(出所：農林水産省「農林業センサス」より筆者作成)

まってきていることがわかる。

　北海道の経営耕地面積(表2-4)をみると，2015年の経営耕地面積は2005年に比べ6.8%の減少となっている。また，耕作放棄地面積においては，2005年に比べ28.5%の減少となっている。経営耕地面積は全国と同様に減少が続く一方で，耕作放棄地面積については，全国的な傾向とは逆に減少傾向にある。

　これまでみてきたとおり，北海道の農業は，全国の4分の1を占める広大な耕地面積を活かし，土地利用型で生産性の高い農業を展開している。農家1戸当たりの経営耕地面積は都府県の14倍，農業所得は都府県の4倍である。

　また，北海道の農林水産業は，カロリーベースの自給率で全国一の201%であり，国産供給熱量の約2割を供給するなど，我が国における食料の安定供給に大きく貢献している。しかしながら，生産額ベースの自給率でみると，北海道は188%で，肉用牛や果実の生産が多い青森県や宮崎県，鹿児島県は200%を超え，北海道よりも高い状況にある。このことから，今後，北海道においては，生産額ベースの自給率の向上が重要と考えられ，農業就業者の人口減少が続き，高齢者の比率が高まってきているなかで農業の高付加価値化をどうやって行うかが課題となっている。次項では，農業の高付加価値化の取り組みについて，先行研究を踏まえて考察を行う。

● 2.2　農業の高付加価値化への取り組み

　農業を取り巻く環境の変化に対応するには，従来の生業的な経営ではなく，企業経営を取り入れることが必要である。野﨑ほか(2012)の研究では，農業における市場経済への対応として，大きく2つの方向が示されている(図2-1)。一つは「低コスト化」，もう一つは「高付加価値化」である。低コスト化は，経

営の合理化と経営規模の拡大によるコスト削減効果がポイントであり，Porter, M. E. の競争戦略論でいう「コスト・リーダーシップ戦略」を採用する方向性である。一方，高付加価値化は，集約的な農業と差別化（ユニークさ）がポイントであり，「差別化戦略」を採用する方向性である。この「コスト・リーダーシップ戦略」と「差別化戦略」は

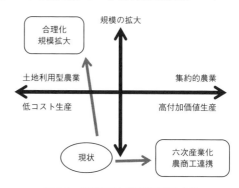

図2-1 農業者における戦略的方向性
（出所：野崎ほか 2012）

絶対的なトレード・オフ関係にあり，コスト・リーダーシップと差別化を同時追求すると，かえって競争優位は得られない。農林水産省が積極的に展開を支援している「農業の6次産業化」による高付加価値化は，この「差別化戦略」の一つと考えることができる。

今村[5]（1996, 1998）は農業の6次産業化論により，農業におけるサプライチェーンに着目し，高付加価値化実現に向けた新たな方向性の提案を行った。2011年3月1日に「六次産業化・地産地消法」が施行され，これにより，全国で多くの農業者が地域資源を活用した新事業（6次産業化）に取り組んでいる。また，これらの6次産業化の活動と共に，高付加価値化を目的とした，農産物自体のブランド化に対する関心も高まってきている。農産物ブランドの代表的

---

5)「農業の6次産業化」を提唱したのは今村（1996, 1998）である。今村の主張は，農業は農家，農産物加工等は食品加工業者，農産物の流通や販売，情報サービス等は卸・小売業，情報サービス業というように，個別分業的に行われている各産業を，1次産業者を主体として2次産業，3次産業を統合，農業の高付加価値化を実現させるというものである。この提言は，Colin G. Clark（1940）による「ペティの法則」を理論的根拠としている。William Petty（1690）は『政治算術』において，農業よりも製造業，さらに製造業よりも商業によるほうが，利得がはるかに多いと主張している。Clark は Petty の主張をもとに，統計的実証により，経済発展によって国の産業構造のウェイトが1次産業より2次産業へ，さらに3次産業へ移るという経験法則を発見した。これが「ペティの法則」である。今村は，この法則を農業に当てはめ，農業の発展による2次，3次産業への移行を「農業の6次産業化」という造語で表現したのである。

なものでは,「夕張メロン」「魚沼産コシヒカリ」「宮崎完熟マンゴー」などが有名であるが,この他にも個人や企業が展開している様々な農産物ブランドが溢れている。最近は,ブランド名やパッケージを工夫すればブランド化というような,ブランドの本質を理解していない,表面的なブランド展開も多くなっている。次節では,北海道ニセコ町における農産物のブランド化を目的としたアンケート調査の結果を踏まえながら,この農産物のブランド化の取り組みについて考察を行う。

3 農産物のブランド化についてのアンケート調査

● 3.1 調査・分析の方法

　本調査は,北海道ニセコ地域[6]におけるニセコ産農産物のブランド化を目的として実施した。調査員は,2016年9月26日〜10月24日(うち10日間)にニセコ地域の宿泊業,飲食業,卸売・小売業者を訪問,農産物購入の意思決定権を持つキーパーソンにヒアリングを行った。ヒアリングでは,ニセコ産農産物の利用状況とその理由,ニセコ産農産物のイメージ,ニセコ産農産物へのニーズ,の3項目に重点を置いた。また,ヒアリングにあたっては回答者を特定の方向やトピックに導かないように留意,調査員がヒアリング事項を伝え,回答をヒアリングシートに記入する方式で実施した。可能な限り各事業者の営業場所を訪問,面談しヒアリングを行ったが,うち5件は,調査対象事業者の都合により電話での調査となった。宿泊業11件,飲食業10件,卸売・小売業5件,合計26件からヒアリングを得た。

　分析は,ヒアリングを行った業種別に集計,同一及び類似のコメントをまとめカウントした。また,代表的なコメントの一部を転記形式で示している。

---

[6] 本稿では,ニセコ観光圏を構成する3町(倶知安町,ニセコ町,蘭越町)をニセコ地域として定義する。

◉ 3.2 アンケートの分析結果
(1) ニセコ産農産物の利用状況とその理由
　a. 宿泊業
　農産物は，「道の駅」「農家」「地元の市場」から調達，「品質」「味」「鮮度」を重視，また，「安心安全」「有機栽培」についても考慮していることが明らかになった。
　ニセコ産農産物の利用度は，「8割以上」「5割以上〜8割未満」が多かった。また，ニセコ産農産物利用の理由は，「顧客から好評」「ニーズがある」「品質」「鮮度」が多かった。このことから「品質」「鮮度」等の付加価値をニセコ産農産物に見出し，宿泊事業者が顧客へPRしていることがわかる。また，顧客がその付加価値を認知し，ニーズとして求めているため，「顧客から好評」「ニーズがある」といった回答が結果として多いと考えられる。一方で，ニセコ産農産物の利用にあたり，冬季における流通に関する課題が以下のように明らかとなった。

　　「冬に農作物が激減するのは利用しない一つの理由」
　　「冬は豆類，ジャガイモ，にんじん，しかないのでストレスにすら感じる」

　b. 飲食業
　農産物の調達先は，「農家」が最も多く，その他では「道の駅」「八百屋」「地元の市場」など近隣の卸売・小売店からの購入が主となっている。調達先の選定理由は，「品質」「味」「鮮度」が多く，その他は「安定供給」「配送」「価格」である。「安心安全」「有機栽培」も一部にみられたが回答は少なかった。近隣地域（ニセコ地域）の農産物は安心安全ということが前提で，有機栽培は顧客への訴求効果が余り高くないと考えていると思われる。
　一方で，ニセコ産農産物を使用しない特徴的な意見として，安定供給や地域における農産物情報の提供不足を以下のように指摘するものがあった。

　　「時期によらず安定供給できるものを選んでいるので，ニセコ産とならないことが多い」

「ジャガイモ以外は何があるのかよくわからない」

c. 卸・小売業

　農産物の調達先は，すべての事業者が「札幌の市場」を利用している。そのほか，卸売業は「農家」「JA」，小売業は「農家」「魚菜市場」からの購入を行っている。調達先の選定理由は，卸売業及び小売業ともに「安定供給」「価格」が多いが，個別の回答をみると，卸売業では「有機栽培」「ブランド」といった顧客に提供する付加価値を高めるものを求めている。一方で，小売業では「配送」「品揃え」「企画」「ニーズがある」といった物流機能としての仕入～販売の効率性を強く求めている。

　卸売業においては，ニセコ産に拘らず北海道産であれば，コスト面とブランドのバランスが保たれるという意見があった。

(2) ニセコ産農産物のイメージ

a. 宿泊業

　ニセコ産農産物に対する印象を聴いてみると，「おいしい・味」「新鮮」「高品質」「種類の多さ」があげられ，これらはニセコ産農産物の強みとして認知されている。今後，ニセコ産農産物のブランド化にあたっては，この強みを活かし，ストーリー性を付加することが重要と考えられる。ここでは以下のような意見がみられた。

「ニセコは雪のブランド力があるし，越冬野菜は甘いというイメージがあり，宿泊客から聞かれることもある」
「海鮮と山菜を中心とした料理を提供したところ，ニセコらしくない，との意見が多くあった。ニセコといえば，広大な畑で育った新鮮な農産物というイメージがあるようだ」

b. 飲食業

　宿泊業同様「おいしい・味」「高品質」をあげる意見が多かった。具体的には以下の通りである。

「おいしい。距離も近く鮮度が高い。農家が自信を持って作っているものは品質も高い」
「新鮮，おいしい。道外とは差別化できていると感じる」

一方で，地域の農産物直売所について，品質面で以下のようなネガティブな意見が寄せられた。

「ニセコビュープラザ（農産物直売所）の品物はB級品で，買った人がかわいそうだと思うような商品が結構ある。できたものを何でも売ってしまうような売り方はブランドにはつながらない」

この指摘は，農産物という品質を均一化できない地域資源の性質が現れたものといえる。しかしながら，この状況を放置すれば，ニセコ産農産物全体のイメージ低下につながると考えられる。

c.卸売・小売業
卸売業では，ポジティブな印象の回答が多かった。

「良い気候で育った農産物」
「地元野菜全般の人気は高いので取り扱いたい」

特に小売業においては，ネガティブな印象の回答数がポジティブな印象の回答数を上回った。

「特売等に見合う物量，コストのハードルが高く実現は難しいのだと考える」
「新規性がない」
「これといった印象は，まだない」

(3) ニセコ産農産物のニーズ

a. 宿泊業

「ニセコ産・地元産・ニセコらしさ」の回答が最も多かった。他のニーズは「通年・冬季供給・安定供給」や「鮮度」「情報」「配送」であった。この中で，「情報」については他の業種では回答が無く，特に宿泊業者とのコミュニケーション強化は特徴的な課題として取り上げることができる。今後のニセコ産農産物利用意向は，全ての回答者が「利用したい」としている。このことからもニセコ産農産物に対する宿泊事業者のニーズは高いと考えられる。具体的には次のような意見が聞かれた。

「鮮度が一番。もっと言えばストーリー性が重要」
「地産地消の顧客ニーズ。夏野菜」
「地域との関係を重視，良いものがあれば利用したい。価格はあまり重要でない」
「何月に何ができるかといったリストがあると使いやすい」

一方で，ニセコ産農産物の利用や利用増に向けては，「配送」「通年・安定供給」「冬場の供給」について課題があると指摘されている。今後，ニセコ産農産物の利用を促進するためには，利便性や供給時期面を改善する必要があると考えられる。

「品質が良く，安定供給が可能であれば増やしていきたい」
「できるだけ使いたいところだが，配送の問題がある」
「冬場に提供できるものがあれば増やすことはできる」

b. 飲食業

宿泊業同様「ニセコ産・地元産・ニセコらしさ」のニーズが高かった。顧客に対し「ニセコ」という名前やイメージ，特徴を活かせるような素材を求めていると考えられる。また，「通年・冬季供給・安定供給」「味」「プロモーション」「手間をかける・力を入れている姿勢」といった回答が多かった。「プロ

モーション」を求める声は，事業者もニセコ産農産物の付加価値がそもそも高いことを知っており，効果的にその付加価値を活用したいという声であると捉えることができる。また，「手間をかける・力を入れている姿勢」については，事業者も品質の高いものを扱いたいという意向があり，また，ニセコ産農産物の良さを顧客に伝えたいという，ある意味，生産者との連携を望む声と捉えることができる。今後の利用意向を聴いてみると，「利用したい」が大半を占めており，ニセコ産農産物に対する飲食事業者のニーズは高いと考えられる。特に以下のような意見がみられた。

　「ストーリー性。（土の特性，作るところから一緒に体験を売るなど）」
　「通年の提供が難しいとしても，ストーリー性のようなものがあればより使用しやすいと考える。たとえば，ニセコの土は，冬は雪の中で栄養を蓄えているなど」

　一方で，ニセコ産農産物の利用においては，「通年・安定供給」のほか，「品質・味・鮮度」に対しての課題が指摘されている。今後，ニセコ産農産物の利用を促進するための課題として，年間を通しての安定供給に加え，「品質・味・鮮度」面でも改善を行う必要があると考えられる。

　c. 卸・小売業
　「特売に見合う物量」「コスト」といった意見がみられ，小売業としての考え方が現れている。一方で，「ブランド」の回答も多く，差別化へのニーズもあると考えられる。今後の利用意向は「利用したい」が大半を占めており，ニセコ産農産物に対する事業者のニーズは高いと考えられる。

　「年間を通じての取引契約，価格（安さ）が必要になると考える」
　「パッケージロゴがあると使いやすい。地域外顧客のバーベキュー需要もある」
　「外国人は北海道産と言うだけで買っていく（おみやげにも使われる。ロゴは重要）」

一方で，ニセコ産農産物の利用や利用増の課題は，「品質・味・鮮度」「価格」「安心安全」が指摘されている。

「地産地消が会社の方針なので使いたいが物流（配送）の問題で取り扱いが難しい」
「安全安心，鮮度を考えると増やしていきたい気持ちはあるが，相当な物量，安定供給，値段のハードルがあると考えている」

● 3.3 調査のまとめと議論

今回の調査では，最終的に業種の枠を超えてニセコ産農産物の強みを自社のサービスに合わせて活用していこうと強く考えているセグメント（宿泊業，飲食業，卸売業）と価格や利便性に重きを置かざるを得ないセグメント（宿泊業，小売業）に大きく分類できる。また，どのセグメントにおいてもニセコ産農産物の利用を図っていきたいという意向は同じくあるため，ニセコ産農産物のブランド化にあたっては，様々なセグメントの事業者と密接なコミュニケーションをとりながら，課題の深堀や更なる課題の掘り起こし，課題の克服に努めていくことが必要と考える。

また，ニセコ産農産物のイメージは，一般的な北海道産農産物のイメージと重なっていると思われるが，調査ではニセコ産農産物の，「新鮮さ」「味」「安心安全」「品質」などの価値を評価していることが明らかになった。これらニセコ産農産物の価値を，冬季におけるニセコのブランドイメージと連動させることで差別化が可能であると考えられる。つまり，冬季のニセコにおける強力なコンテンツであるパウダースノーと雪解け水（清流，おいしい水）を結びつけ，豊かな土壌を育み，安心安全で高品質の農産物生産に繋がるブランドストーリーをつくりあげることで，ニセコ産農産物のブランド化に繋げることが可能である。

一方，ヒアリングでは「冬にニセコ産野菜があれば高くても購入したい」という意見が多くあった。冬季に安定供給が可能な農産物や加工品をいかに生産するかが課題と考えられる。地元のレストランやホテルなどの事業者にとって地元産農産品を使いたいニーズは極めて高いと考えられるが，必要な時に，必

要な量の農産品を届ける配送システムが完備されていない。今回のヒアリングでもニセコの事業者の主な調達先として道の駅，地元の市場，札幌，農家などばらばらな答えが得られたが，これらの調達先をまとめてよりきめ細かい配送が可能になるように配送システムを構築することが必要と思われる。

今回の調査では，ニセコ地域における事業者へのアンケート調査という限定的な条件での結果であるが，農産物のブランド化には，消費者認知が重要な要素となる。そのためには，農業協同組合，ニセコ地域のホテルや旅館，飲食店などの事業者が積極的にニセコ産農産物を取り扱い，アピールをする必要がある。次章では，北海道十勝清水町における農業協同組合の農産物ブランド化取り組み事例について考察を行う。

4 十勝清水町農業協同組合における農産物ブランド化の取り組み事例

● 4.1 組織の概要

事例企業の十勝清水町農業協同組合は，北海道上川郡清水町に本拠を置く組織である（表2-5）。北海道の十勝地域は年間100万トンを超える生乳出荷量を誇り日本一であり，その中でも十勝清水町の生乳出荷量は約12万トンを超え，十勝地域でトップである。町内では約2万5千頭の乳牛が飼育されている。その地域の重要な資源である，乳牛（ホルスタイン種）の雄牛を肥育し，加工，販売を同農協が一括管理，生産しているのが「十勝若牛（図2-2）」である。

表2-5　十勝清水町農業協同組合の概要

組織名	十勝清水町農業協同組合
所在地	北海道上川郡清水町南2条1丁目8番地
設立	昭和23年
組合長	串田 雅樹
正組合員数	460人
職員数（パート含む）	152人
出資金	16億2024万円
農畜産物販売高	249億8000万円

（出所：同農協のホームページより筆者作成）

柔らかな肉質と肉汁溢れる赤身肉の豊な旨味

「十勝若牛®」は、豊富な酪農資源に恵まれた十勝清水町で生まれたこれまでにない新しいコンセプトの牛肉です。
子供からお年寄りまで幅広い層の方々に好評の柔らかくクセの少ないお肉です。

図 2-2 「十勝若牛」のロゴとブランドコンセプト
（出所：同農協ホームページ）

● 4.2　取り組みの経緯

「十勝若牛」が生まれたきっかけは，牛肉輸入自由化や国内でのBSE発生で苦しむ農家の経営改善のためであった。同農協が主体となって6次産業化に取り組み，組合員である農家の所得向上を目的とした活動は，今村（1998）の提唱した「農業の6次産業化」の考え方に合致する。短い肥育期間で早期に効率よく出荷ができ，味や肉質の向上にもつながる。粗飼料は，適期播種，収穫，自家生産を行い，品質向上に努めているほか，「十勝若牛生産組合」を組織し，生産方法や飼料は共通のものを使用，肉の色や肉質の標準化を徹底している。加工に関しては，同農協出資の子会社，株式会社十勝清水フードサービス（表2-6，図2-3）の専用加工場で行い，加工から出荷まで，品質管理・衛生管理を行っている。枝肉加工の過程では，枝肉の断面撮影を行い，画像を解析，肉質の向上に活用している。「十勝若牛」は，通常，生後約20カ月の肥育期間を約14カ月で行う。この早期肥育により，きめ細やかな肉質と牛肉独特の香りを抑え食べやすい特徴があるほか，肥育コストの削減により，低価格での販売が可能となっている。

● 4.3　6次産業化における農産物ブランド化のビジネスモデル

同農協の「十勝若牛」事業におけるビジネスモデルは図2-4の通りである。組合員の農家が生産した，乳牛（ホルスタイン雄牛）を農協に出荷，その後，子

表 2-6　株式会社十勝清水フードサービスの概要

会社名	株式会社十勝清水フードサービス
所在地	北海道上川郡清水町清水 419 番地 79
設立	平成 4 年 7 月
資本金	9900 万円
代表者	串田 雅樹
株主	十勝清水町農業協同組合・全国酪農業協同組合連合会
従業員数	28 人（農協からの出向者 3 人含む）

(出所：同社ホームページより作成)

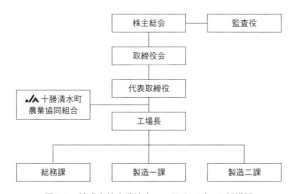

図 2-3　株式会社十勝清水フードサービスの組織図
(出所：同社ホームページ)

会社である（株）十勝清水フードサービスが加工・流通・販売までを一貫して担当している。農協は，肉質の分析，顧客ニーズの収集を行い，飼料等の改良，農家と生産方法の改善を行っている。このように農協自らが，サプライチェーンを管理，品質の向上や安定生産を図り，ブランド化を行っているのである。

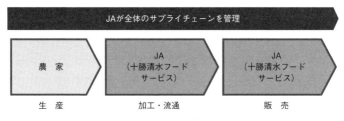

図 2-4　十勝若牛のビジネスモデル

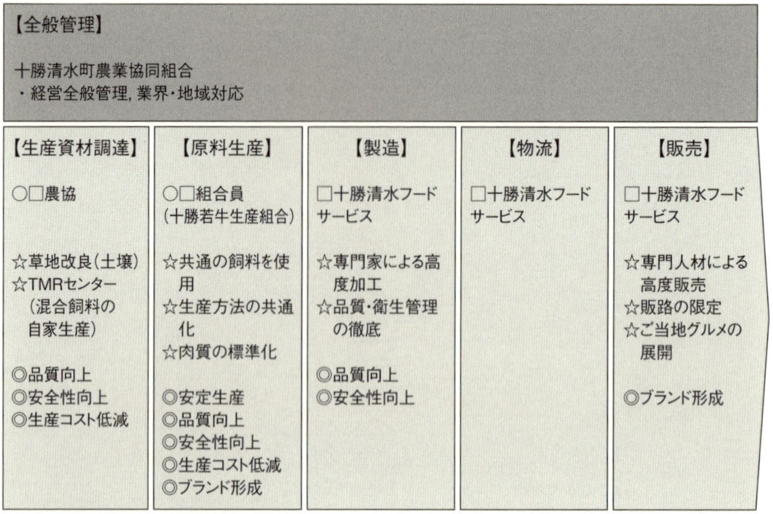

【全般管理】				
十勝清水町農業協同組合 ・経営全般管理,業界・地域対応				
【生産資材調達】	【原料生産】	【製造】	【物流】	【販売】
○□農協 ☆草地改良(土壌) ☆TMRセンター (混合飼料の自家生産) ◎品質向上 ◎安全性向上 ◎生産コスト低減	○○組合員 (十勝若牛生産組合) ☆共通の飼料を使用 ☆生産方法の共通化 ☆肉質の標準化 ◎安定生産 ◎品質向上 ◎安全性向上 ◎生産コスト低減 ◎ブランド形成	□十勝清水フードサービス ☆専門家による高度加工 ☆品質・衛生管理の徹底 ◎品質向上 ◎安全性向上	□十勝清水フードサービス	□十勝清水フードサービス ☆専門人材による高度販売 ☆販路の限定 ☆ご当地グルメの展開 ◎ブランド形成

1) ○は1次産業における価値活動を示す
2) □は6次産業における価値活動を示す
3) ☆は価値活動における差別化優位の源泉となる活動を示す
4) ◎は価値活動から得られる価値を示す

図2-5 「十勝若牛」事業におけるバリューチェーン

　同農協における「十勝若牛」のビジネスモデルをPorter, M. E.のバリューチェーンを用いて詳細に分析を行う。分析した「十勝若牛」事業のバリューチェーン分析は以下の通りである（図2-5）。
　「十勝若牛」事業のバリューチェーンを分析すると2つの特徴が見える。一つは，1次産業における付加価値向上の活動，もう一つは，6次産業化における付加価値向上の活動である。この2つの活動は個々ではなく，連携し密接に行われているのが特徴である。6次産業化においては，兎角，加工や販売における付加価値の向上に重点が置かれ，1次産品生産における品質の向上がおろそかになっているケースも少なくない。同農協では，生産資材調達において，混合飼料の自家生産を行っており，この取り組みは草地改良（土壌改良），TMRセンターを通じて「品質向上」「安全性の向上」「生産コスト低減」の価値に結びついている。また，個々の農家ではなく「十勝若牛生産組合」を通じた生産活動は，飼料や生産方法の共通化に結び付いており，「安定生産」「品質向上」

2 北海道における農産物ブランド化の課題と展望　39

図 2-6　十勝清水牛玉ステーキ丼

図 2-7　十勝若牛の贅沢カレーパン

「安全性向上」「生産コスト低減」「ブランド形成」といった価値を導出している。加工においては，子会社における専門化がみられ，加工技術の高度化が可能となっており「品質向上」「安全性向上」の価値を導出している。販売においても，子会社における専門化により，販売に長けた専門人材を起用することにより，銀座の高級フレンチレストランや札幌の有名焼き肉店などへの直接販売を行っているほか，「十勝清水牛玉ステーキ丼（図 2-6）」などのご当地グルメや札幌圏の大手有名菓子店とコラボレーションした「十勝若牛の贅沢カレーパン（図 2-7）」の展開により「ブランド形成」を図っている。

● 4.4　考　察
以上の事例から，6 次産業化における農産物ブランド化の取り組みにおいて，

次の3つの考察が得られた。

第1は，1次産品そのものの品質向上である。6次産業化では，加工や販売によって1次産品をどう高付加価値化するかに論点が集中する傾向にある。本事例では，農家との連携により飼料や飼育方法の改良により品質向上を図り，1次産品そのもののブランド化により付加価値を高める活動が観察出来た。

第2は，加工技術と販売の専門化である。本事例では，加工と販売を農協出資の株式会社が担い，人材も外部人材を起用することで，加工技術と販売技術の専門化を図り「品質向上」「安全性向上」の価値を導出していることが明らかになった。

第3は，1次産品の供給量の安定化である。ニセコ町における調査研究では，地域農産物の普及にあたり1次産品の供給量の限界が阻害要因となっていることが判明した。本事例では，農協が主体となって1次産品の供給量をコントロールすることで，取引における安定供給を可能としていることが明らかになった。

5 おわりに

日本の農業を取り巻く経営環境は厳しく，社会構造の変化やコモディティ化により，伝統的な経営手法での農業経営の維持は難しい状況にある。しかしながら，これまでみてきたように，北海道という地域の特性を考えると，農地の有効活用，ICT[7]やIoT[8]の活用，観光産業との連携などにより，事業拡大の余地はある。観光による交流人口の拡大と農業の国際化に向けて，農家個々の活動ではなく，アグリビジネス全体として考え，地域として農産物のブランド化や6次産業化に取り組むことで課題を克服し，さらなる発展が可能となるであろう。

---

7) Information and Communication Technology
8) Internet of Things

参考文献

[欧文文献]

Clark, G. C. (1940) *The Conditions of Economic Progress,* London: Macmillan.

Petty, W. (1690) *Political Arithmetik,* London.（大内兵衛・松川七郎訳（1955）『政治算術』，岩波書店，1955 年。）

Porter, M. E. (1985) *Competitive Advantage: Creating and Sustaining Superior Performance,* New York: Free Press.（土岐坤訳（1985）『競争優位の戦略―いかに高業績を持続させるか』ダイヤモンド社，1985 年。）

[邦文文献]

今村奈良臣（1996）「第 6 次産業の創造を 21 世紀農業を産業の花形にしよう」『月刊地域つくり』1996 年 11 月。

今村奈良臣（1998）『地域に活力を生む，農業の 6 次産業化―パワーアップする農業・農村―』，「地域リーダー研修テキストシリーズ」5　財団 21 世紀村づくり塾。

内田多喜生（2001）「日本農業における農家の構造変化と今後の課題―進む農業者の高齢化と増大する農協の役割―」『農林金融』，第 54 巻第 8 号通巻 666 号，2001 年 8 月，: 2-17。

後藤英之（2017）「農産物ブランド化の展開と課題―『ニセコ』ブランドの動向を中心に―」，小樽商科大学『商学討究』，第 68 巻第 2-3 号，2017 年 12 月，: 127-142.

後藤英之（2018）「6 次産業化研究の現状と今後の課題」，小樽商科大学『商学討究』，第 68 巻第 4 号，2018 年 3 月，: 53-63。

野﨑晴行ほか（2012）「北海道における農業経営体の経営能力向上に関する調査研究報告書」（社）中小企業診断協会北海道支部　2012 年 2 月。

[参考 URL]

ニセコ観光圏公式 web サイト（http://www.niseko-tourism-zone.com/），2018 年 9 月 27 日確認。

十勝清水町公式 web サイト（http://www.town.shimizu.hokkaido.jp/），2018 年 9 月 27 日確認。

十勝清水町農業協同組合公式 web サイト（http://www.ja-shimizu.or.jp/），2018 年 9 月 27 日確認。

十勝清水町農業協同組合ネットショップ web サイト（http://www.ja-tokachishimizu.jp/），2018 年 9 月 27 日確認。

（株）十勝清水フードサービス公式 web サイト（http://www.ja-shimizu.or.jp/foodservice/），2018 年 9 月 27 日確認。

農林水産省「2005 年農林業センサス」
（http://www.maff.go.jp/j/tokei/census/afc/2010/05kekka.html），2018 年 9 月 27 日確認。

農林水産省「2010 年世界農林業センサス」

（http://www.maff.go.jp/j/tokei/census/afc/about/2010.html），2018 年 9 月 27 日確認。

農林水産省「2015 年農林業センサス」
（http://www.maff.go.jp/j/tokei/census/afc/2015/top.html），2018 年 9 月 27 日確認。

3 財務構造からみた道内金融機関のビジネスモデル

1 はじめに[1]

　預金の受け入れ，資金の貸付け，為替取引を固有の業務とし，これらの業務を一体的に営んできた金融機関[2]。その金融機関のビジネスモデルがいま，これまでにない変革を迫られている。

　例えば，金融庁は「平成29事務年度 金融行政方針」（2017年11月）において，「厳しい経営環境の下，多くの地域金融機関にとって，単純な金利競争による貸出規模の拡大により収益を確保することは現実的ではなく，持続可能なビジネスモデルの構築に向けた組織的・継続的な取組みが必要である」との認識を示したうえで，「持続可能なビジネスモデルの構築に向けた取組みが進まない場合，足下ではバランスシートの健全性に問題がなくとも，将来的に顧客基盤や収益基盤が損なわれることで問題が生じ，その結果として，地域において十分な金融仲介機能を発揮できず，地域経済や利用者に多大な悪影響を与えることにもなりかねない」ことに，懸念を表明している。

---

1) 北海道財務局と小樽商科大学は2015年2月に包括連携協定を結び，地域経済の活性化や人材の育成に協働して取り組んできた。両者で共同研究を進めるに際しては，地域活性化プロジェクトチーム「"H"PT ="Hopeful（希望に満ちて）" Positive（楽しく，前向きに）Team）」を発足し，そこをプラットフォームとして活動を進めてきた。地域金融研究会は，北海道の金融に関心を持つ"H"PTメンバーと小樽商科大学に所属する教員がボランタリーに集ったものであり，本稿に記された見解および意見は，あくまでも研究会に集った個人の見解である。所属する組織の立場や意見を何ら代表するものではないことを，あらかじめ断っておく。それゆえ，本稿において表明された見解及び意見に対する責めも，本稿を執筆した個々人が負うものである。

2) 本稿において，「金融機関」とは銀行，信用金庫，信用組合のことを指す。

こうした金融庁の認識の背景には,

① 大規模な金融緩和政策の継続から長短金利差が縮小し,それに伴い資金利益の低下がみられたこと
② 相対的に金利の高い既往貸出の返済や借り換えが進み,相対的に金利の低い新規貸出に置き換わったこと。債券運用においても同様に,表面利率が相対的に高い既発債の償還が進み,相対的に利率の低い債券に置き換わったこと。その結果として,貸出金利回りや有価証券の運用利回りが低下したこと
③ 貸出金利回りや有価証券の運用利回りが低下するなか,地域銀行が貸出金残高を増加させることで,利回り低下の影響を相殺しようとしていること
④ 中長期的には,企業数の減少や生産年齢人口の減少などを映じて資金需要が減少する一方,人口構成における高齢化の進展から,相対的に預金保有残高の多い高齢者のウエイトが増大し,預貸率が低下していること

といった地域銀行[3]の諸傾向がある[4]。

　無論,北海道の金融機関もこの埒外ではない。むしろ,少子化・高齢化の進展や人口減少を要因とする経済活動の停滞・衰退という点では,金融機関が直面する課題が先鋭的に現れている地域であるといえる。2000年代入り後に限ってみても,投資(道内固定総資本形成)は民間部門,政府部門ともに減少する傾向にあり,その規模は固定資本減耗を下回ることが常態化しつつある。このことは,足下において新規投資はおろか,更新投資さえ手控えられていること,言い換えれば,北海道の資本ストックが純減に転じていることを示唆するものである。他方で,投資の原資となる貯蓄(道民貯蓄)においても漸減する傾向がみられ,北海道経済にはいわば「縮み」の様相が現れている[5]。

　そうしたなかにあって,道内金融機関のビジネスモデルにはいま,どのよう

---

3) 「地域銀行」とは,地方銀行,第二地方銀行,埼玉りそな銀行のことを指す。
4) 詳しくは,金融庁「平成28事務年度 金融レポート」(2017年10月)ならびに金融仲介の改善に向けた検討会議「地域金融の課題と競争のあり方」(2018年4月)を参照。
5) 北海道経済における貯蓄投資バランスの動向については,齋藤(2014)を参照。

な変革・深化が求められているのだろうか。このことを考察する前段として，本稿では，預金と貸出を中核的な業務とする道内金融機関のビジネスモデルの現状を，財務構造の側面から概観する。

2 金融機関のバランスシートとビジネスモデル

● 2.1 道内金融機関のバランスシート：概観

先ずは，道内金融機関の資金調達・資金運用の側面から，金融仲介の様相を確認することから始めよう[6]。図3-1は，道内に本店を置く銀行，信用金庫，信用組合のバランスシートを，2016年度末から5年ごとに遡ってみたものである。2016年度末時点の総資産規模は，22兆6千億円。このうち，最大の資金調達源泉は預金等で，その残高は20兆3千億円に上る。

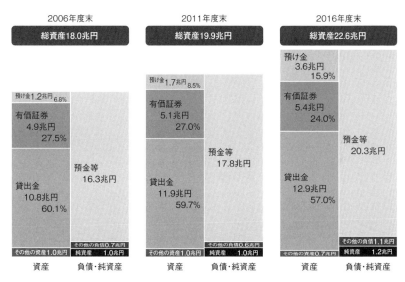

図3-1 道内金融機関のバランスシート構造
(各金融機関のディスクロージャー誌(各年度版)を集計し，筆者作成)
各勘定の内訳は表示単位未満を四捨五入。また，構成比は百万円単位で計算の上，小数点二位以下を四捨五入(以下のグラフも同様)。

---

6) なお，全国的な銀行のバランスシート構造や収益構造については，岡村・田中・野間・播摩谷・藤原 (2017) 第2章および川本 (2015) 第1章を参照。

金融機関は伝統的に，預金を主たる資金調達源泉として貸出業務を営んできたが，北海道においては，12兆9千億円が企業や個人，地方公共団体等への貸出に振り向けられている。その他の資金運用項目では，5兆4千億円が有価証券投資に振り向けられ，3兆6千億円が日本銀行や信金中央金庫等の系統上部団体への預け金となっている。

2006年度末からの10年間の変化では，総資産規模が4兆6千億円増加したほか，項目別では預金が4兆円増，貸出金が2兆1千億円増，有価証券が5千億円増，預け金が2兆4千億円増と，いずれの項目も絶対額での増加をみた。しかしその一方で，資産構成比の面では，貸出金が3.1ポイントの低下，有価証券も3.5ポイント低下した。他方において，預け金はそのウエイトを9.1ポイント上昇させており，道内金融機関による金融仲介の活動水準が相対的に低下していること，行き場を失った資金が日本銀行や系統上部団体への預け金として積み上がっていることがうかがわれる[7]。

● 2.2 道内金融機関の貸出金動向

そこで，金融機関の主要な収益資産である貸出金の状況について，もう少し立ち入ってみることにしよう。図3-2は，道内金融機関の業種別貸出金残高の推移を，全国値と対比しながら示したものである。2016年度末では，個人等の割合が最も高く（26.5％，残高3兆4千億円），次いで地方公共団体等（24.0％，残高3兆1千億円），不動産業・物品賃貸業（13.5％，残高1兆7千億円）となっている。

過去10年間の推移でみると，地方公共団体等の増加が著しい。この背景には，2007年度から6年間続いた財政融資資金の補償金免除繰上償還と民間資金への借り換えが進んだことをはじめ，金融機関の側においても低リスク融資への選好が強まったこと等がある。その結果，残高で1兆6千億円の増加，構成比

---

[7] なお付言するならば，こうしたバランスシートの様相は，日本銀行が2013年4月4日の政策委員会・金融政策決定会合において導入を決定した金融緩和策—いわゆる異次元の金融緩和—が，意図していたリスクテイクの促進や，イールドカーブやリスクプレミアムへの働きかけを通しての資産価格やポートフォリオ・リバランスへの影響が，意図した方向とは異なる方向に波及していることを示唆している。

3　財務構造からみた道内金融機関のビジネスモデル　47

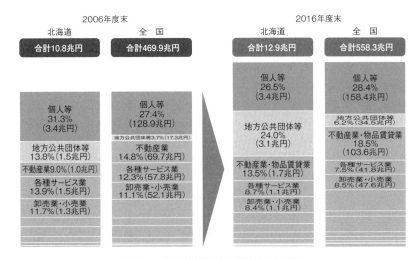

図 3-2　道内金融機関の業種別貸出金残高
(各金融機関のディスクロージャー誌（各年度版）を集計し，筆者作成)

では10.2ポイント上昇した。地方公共団体等については，全国的にも残高の増加，構成比の上昇がみられるが，北海道では全国との比較において，その構成比は著しく高い。

業種別にみて，地方公共団体等に次いで増加額が多いのは，不動産業・物品賃貸業である。不動産業・物品賃貸業が残高を大きく増やした背景には，相続税対策や投資収益を目的とした不動産取得があり，それらに向けてのアパート・賃貸マンション向けローンの増加が大きく寄与したと推察される。他方で，残高が減少した業種に目を向けると，各種サービス業（宿泊業，飲食業，医療・福祉等の合計，▲4千億円）のほか，卸売業・小売業（▲2千億円）の減少が著しい。個人等と地方公共団体等を除いた事業性資金全体では，2006年度末から2016年度末までの10年間で，残高は5千億円増加したものの，構成比は5.4ポイント低下し，この点からも低リスク融資に対する選好が強まっていることがうかがわれる。

● 2.3　道内金融機関の有価証券投資

次に，道内金融機関が保有する有価証券の残高が種類別にどのように変化し

図 3-3 道内金融機関の種類別有価証券残高
(各金融機関のディスクロージャー誌(各年度版)を集計し,筆者作成)

たのかをみてみよう。図 3-3 は,2006 年度末を始期とする 10 年間の変化を示したものである。この間,有価証券全体では 4 千億円の増加をみた。種類別では,株式(▲2 千億円)と社債(▲1 千億円)が減少し,投資信託等を主たる内容とするその他の証券がほぼ横ばいで推移している。構成比の面では,いずれもウエイトを低下させており,株式が 2.6 ポイントの低下,社債が 2.3 ポイントの低下,そしてその他の証券が 1.7 ポイントの低下となっている。総じていえば,有価証券投資に対してリスクオフの姿勢がみてとれる。

　他方で,比較的安全な資産と目される国債・地方債での運用についてはどうか。この 10 年間で,地方債残高は 9 千億円増加し,構成比も 2006 年度末比 +15.3 ポイントと,大きく上昇した。その一方で,国債残高は 3 千億円減少し,構成比も 8.6 ポイントの低下をみた。こうした残高変動の要因としては,発行団体の増加や発行方法の多様化から市場公募による地方債発行高が増えたこと,金融緩和政策の継続により国債利回りが低下するなかで,相対的に利回りの高い地方債に資金がシフトしていったこと等が考えられる。

● **2.4　道内金融機関の金融仲介活動**

　図 3-4 は,これまでみてきた貸出金と有価証券の残高を合算し,主体別に分類したものである。2006 年度末から 2016 年度末にかけての 10 年間で,貸出金,有価証券ともに増加し,全体で 2 兆 5 千億円の増加をみたが,そのうち,国・地方公共団体向けが 2 兆 2 千億円の増加と全体増加額の大宗を占めており,事業者向けの増加額 4 千億円を大きく上回っている。個人向けは残高こそ横ばいで推移したが,そのウエイトは 2.5 ポイント低下した。

3　財務構造からみた道内金融機関のビジネスモデル　49

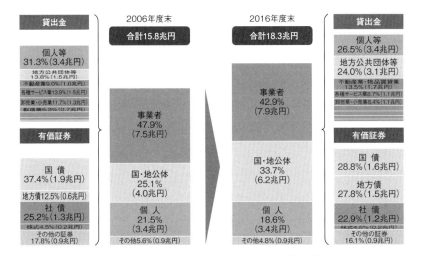

図3-4　道内金融機関のリスク・アセットの構造変化
(各金融機関のディスクロージャー誌（各年度版）を集計し，筆者作成)

　このように，道内金融機関は総資金のおよそ9割を預金等の形で調達するとともに，運用面では，事業者に向けてはおよそ4割，国・地方公共団体に向けてはおよそ3割，そして個人へはおよそ2割という割合で資金を振り向けている。だが，経済活動に対してより直接的な影響を及ぼす貸出金の増加額は，2016年度末までの10年間において，預金等増加額の半分程度にすぎない。さらにいえば，貸出金の増加額のうち，およそ7割が地方公共団体等に向けられており，事業性資金の貸出増加額はわずかな額にとどまっている。

　図3-5は，金融仲介の原資である預金等に対して貸出金の形態でどのくらいの資金が振り向けられているのか（預貸率＝貸出金残高／預金等残高），また，いわゆる余資運用としての有価証券投資にどのくらいの資金が振り向けられているのか（預証率＝有価証券残高／預金等残高）を，2000年代入り後の時系列で示したものである。これによると，預貸率は2008年度末をピークに―経済に対する外生的なショックが生起したという点では，いわゆるリーマン・ショック以降―，趨勢的には低下する傾向にある。また，預証率においても，2008年度末にリーマン・ショックの影響から，その値は一旦低下したが，貸出金での運用がはかばかしくないなかで，徐々に有価証券運用のウエイトを高めてい

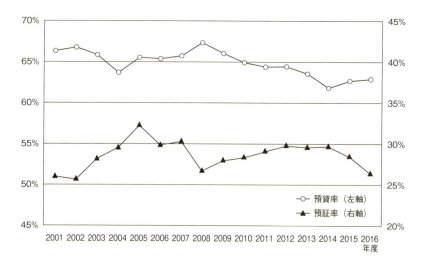

図 3-5　道内金融機関の預貸率・預証率の推移
（各金融機関のディスクロージャー誌（各年度版）を集計し，筆者作成）

った。しかし，直近では，金融緩和政策の継続から運用利回りの低下がもたらされ，道内金融機関は有価証券での運用に代替する恰好で，日本銀行や上部機関への預け金を積み増している。その結果，預証率には，ここ数年，低下する傾向がみられる。

● **2.5　伝統的な金融機関のビジネスモデル**

　これまでみてきたように，北海道の金融機関は，そのバランスシート構造から預金業務と貸出業務を中核的な業務とする伝統的なビジネスモデルを維持しているとみられる。ここで，金融機関における伝統的なビジネスモデルとはどういうものか，あらかじめ整理しておくことにしよう[8]。

　金融機関はこれまで，預金の受け入れと預金を支払手段とした資金決済サービスの提供，そして種々の貸出形態による資金供給というコア業務を一体的に営むスタイルを基本とし，ビジネスモデルの典型としてきた。だが今日，人口構造の変化を動因とする経済的・社会的な環境の変化，あるいは情報通信技術

---

[8] 伝統的な金融機関ビジネスモデルについての詳細は，齋藤（2016）を参照。

を駆使したいわゆるフィンテック（Fintech）革命の進展は，金融機関に対して，預金業務と貸出業務を基軸とした伝統的な業務展開に見直しを迫っている。業界構造の見地からも，同質的な競争の激化，異業種からの新規参入の脅威，あるいは他業態による代替的な金融商品・サービスの提供など，金融機関の潜在的な収益性を押し下げる要因が数多存在している。

金融機関のビジネスモデルについては，イギリスで株式会社組織による預金銀行の隆盛をみた19世紀中頃以降，その時々の技術的な発展を取り込み，顧客ニーズに応えながら新たな金融商品・サービスの提供や新たなシステムの導入を図り，現代的な"装い"をその身にまとい続けてきた。しかし，ビジネスモデルのフレームワークは，外見ほどには変わっていない。実際，わが国の銀行法においても，第2条で「預金又は定期積金の受入れと資金の貸付け又は手形の割引とを併せ行うこと」「為替取引を行うこと」のいずれかを行うものが銀行とされ，第10条においては「預金又は定期積金等の受入れ」「資金の貸付け又は手形の割引」「為替取引」の3つが銀行に固有の業務として規定されてきた。伝統的なビジネスモデルの核心は，まさにこの定義とも密接に関わっている。すなわち，預金の受け入れおよび預金を支払手段とした資金決済サービスの提供，そして貸出業務というコア業務を併営し，それを固有のオペレーション・システムの下で一体的に営むというスタイルが，伝統的なビジネスモデルの型である。

こうした金融機関の伝統的なビジネスモデルを一連のプロセス—預金取引に関わる活動（預金業務）と貸出取引に関わる活動（貸出業務）を不可分かつ一体的に営む継続的な活動連鎖体（Value Chain of Banking Activities）—として表現するならば，図3-6のようにまとめることができるだろう[9]。

---

9) 金融機関を「諸活動の連鎖」として捉える視座は，Porter（1985）からその着想を得た。ひとたび金融機関を「預金取引と貸出取引に関わる活動の連鎖」として捉えるならば，そのときどきの技術的な条件あるいは制度的な枠組み如何によっては，個々の活動を切り出すアンバンドリングや，必要に応じて諸活動を束ね直すリバンドリングの議論も射程に入ってこよう。アンバンドリング・リバンドリングをキーワードに，銀行ビジネスの再編を戦略的に構想したものとして，大垣（2004）がある。また，野村総合研究所（2002）では，銀行業務プロセスの機能分解という視座から，米国銀行業界における動向が取り上げられている。

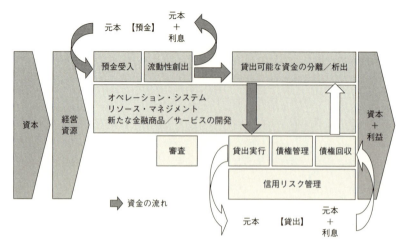

図 3-6　金融機関のビジネスモデル（筆者作成）

すなわち，

① 預金者からの現金の預け入れ（消費寄託）による預金取引の成立（Deposit Taking）と預金を支払手段とした資金決済サービスの提供
② 資金の一元的なプール管理・為替，口座振替などキャッシュレスな資金転による流動性の創出（Creating Liquidity）と Loanable Funds（貸出可能な資金）の分離 - 析出（Separating Loanable Funds）
③ 借り手の返済能力に関わる審査（Screening）
④ Loanable Funds を原資とする貸出取引の実行（Lending）と信用リスクの負担・管理（Managing Credit Risk）
⑤ 借り手の返済努力に関わる債権管理もしくはモニタリング（Monitoring）と貸し出した資金の回収（Collecting）

という，大括りには5つの活動の継続的な連鎖体として，金融機関のビジネスモデルを捉えようとするものである。

3 金融機関の損益構造と収益性

● 3.1 金融機関の損益計算

　前節では，伝統的な金融機関のビジネスモデルと，その下での資金運用・調達の構造について議論を進めてきた。本節では，これまでの議論を踏まえて，道内金融機関の損益構造と収益性をみるためのフレームワークについて整理しておこう。図3-7は，その手始めとして，金融機関の損益計算書を図式化したものである[10]。ディスクロージャー誌や有価証券報告書等において，金融機関の損益は図3-7の左側の形式で記載されている。金融機関の経常的な活動から得られた収益は経常収益と呼ばれ，貸出金利息や有価証券利息配当金などの資金運用収益をはじめ，受入為替手数料や投資信託・保険の販売手数料などを主たる内容とする役務取引等収益，デリバティブ取引などから生じる特定取引収益，外国為替売買益や国債等債券売却益・償還益などが含まれるその他業務収益，株式等売却益などのその他経常収益を構成要素とする。

　これに対して，金融機関の経常的な活動に要する費用は経常費用と呼ばれる。経常費用は，預金利息やマネー・マーケット等から資金を調達した際の支払利息が計上される資金調達費用，支払為替手数料など各種手数料の支払いをその内容とする役務取引等費用，デリバティブ取引などから生じる特定取引費用，外国為替売買損や国債等債券売却損・償還損・償却などが含まれるその他業務費用，人件費や物件費，租税公課から成る営業経費，貸出金償却や貸倒引当金繰入額，株式等売却損・償却などが含まれるその他経常費用を構成要素とする。

　金融機関の経常利益は，これら経常収益から経常費用を差し引くことで求められる（経常利益＝経常収益－経常費用）。そのうえで，経常利益に特別利益（固定資産処分益など）や特別損失（固定資産処分損，減損損失など），法人税・住民税および事業税を加減することで，最終的な利益としての当期純利益が算出される。

　図3-7の右側は，左側の形式を金融機関の本来的な業務とそれ以外の業務に区分し，業務ごとの損益状況を把握するために利益指標の形式に組み替えたも

10）より詳細な解説は，銀行経理問題研究会（2016）を参照。

【損益計算書】

経常利益
資金運用収益（a）
役務取引等収益（b）
特定取引収益（c）
その他業務収益（d）
その他経常収益（e）
▲）経常費用
資金調達費用（f）
役務取引等費用（g）
特定取引費用（h）
その他業務費用（i）
営業経費
その他経常費用
経常利益
特別利益
＋）特別利益
▲）特別損失
▲）法人税，住民税及び事業税
当期純利益

【業務粗利益／業務純益】

業務粗利益
資金運用収支（a-f）
役務取引等収支（b-g）
特定取引収支（c-h）
その他業務収支（d-i）
▲）経費
（臨時的経費を除く）
▲）その他経常費用
（一般貸倒引当金繰入額）
業務純益
臨時損益
＋）その他経常収益（臨時収益）
▲）その他経常費用（臨時損失）
経常利益

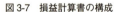

図 3-7　損益計算書の構成

のである。まず業務粗利益は，資金運用収支（＝資金運用収益－資金調達費用），役務取引等収支（＝役務取引等収益－役務取引等費用），特定取引収支（＝特定取引収益－特定取引費用），その他業務収支（＝その他業務収益－その他業務費用）という4つの収支の合計から算出される[11]。そのうえで，業務粗利益から経費（＝営業経費－臨時的経費）と一般貸倒引当金繰入額を差し引くことで，業務純益が求められる[12]。業務純益は，金融機関が経常的な業務を営むなかから生み出される利益として，最も重視されている指標である。さらにいえば，業務純益から個別貸倒引当金繰入額や貸出金償却などの不良債権処理関係の損益や，株式等売却益・売却損・償却といった株式関係損益などの臨時損益を控除することで，経常利益が得られる。

11）信託業務を併営する銀行においては，信託報酬（信託勘定の不良債権処理額を含む）が業務粗利益に含まれる。

12）信託業務を併営する銀行においては，経費，一般貸倒引当金繰入額に加えて，信託勘定の不良債権処理額が業務粗利益から控除される。また，債券発行金融機関においては，債券費が業務純益から控除される。

● 3.2 業務純益の諸類型と収益性指標

金融機関の利益指標としては，一般に業務純益が用いられるが，業務純益にはいくつかのバリエーションがある（図3-8）。例えば，実質業務純益は業務粗利益から経費を控除することで求められるが，これは一般貸倒引当金繰入額控除前のより包括的な業務純益である。一般貸倒引当金繰入額を含むことで，経常的な与信コストの負担も本来的な業務の内にあるとみなした利益指標である。もうひとつは，コア業務純益と呼ばれる利益指標である。これは，実質業務純益から国債等債券関係損益（いわゆる債券5勘定尻）を控除したもので，主として金融機関の固有業務に関わる資金運用収支と役務取引等収支の動向如何をみようとするものである。国債等債券関係損益を除くことで，恣意的な利益の嵩上げを排除し，金融機関の固有業務に関わる収益力を，より実態的に把握しようとする際に用いられる利益指標である。本稿では，道内金融機関の本業収益力を見定めようという意図から，以下の分析では，コア業務純益ベース（＝

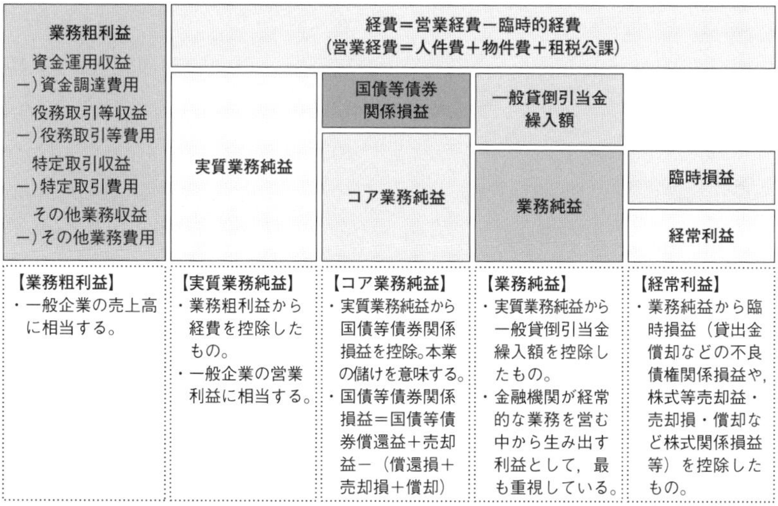

図3-8　金融機関の利益指標

注記）信託業務を併営する銀行においては，信託報酬（信託勘定の不良債権処理額を含む）が業務粗利益に含まれる。信託業務を併営する銀行においては，経費，一般貸倒引当金繰入額に加えて，信託勘定の不良債権処理額が業務粗利益から控除される。また，債券発行金融機関においては，債券費が業務純益から控除される。

（出所：川本『金融機関マネジメント』東洋経済新報社，2015年，p.26を基に加筆作成）

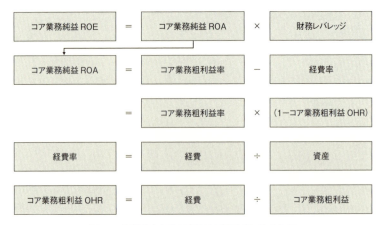

図 3-9　相対的な収益性指標の要素分解（筆者作成）

資金運用収支＋役務取引等収支）を以って分析を進める。

　絶対的な収益性指標としてコア業務純益を用いる一方で，相対的な収益性については，ROE（Return on Equity）をいわゆる DuPont Formula に準じて要素分解し，金融機関の相対的な収益性の実態把握を試みる。図 3-9 は，相対的な収益性指標の要素分解を，あらかじめ示したものである。前節でも述べたように，コア業務純益ベースの ROE は，コア業務純益ベースの ROA（Return on Asset）に財務レバレッジ（簿価ベースの自己資本比率の逆数）を乗じたものに分解される。金融機関は収益性の向上を図るのと同時に，健全性の指標となる自己資本比率の引き上げをも見据えて業務を展開する。この場合，自己資本比率の上昇は，その逆数である財務レバレッジの低下を意味することから，ROE の上昇を図るためには，財務レバレッジの低下を補って余りある ROA の引き上げが求められる。

　コア業務純益ベースの ROA は，コア業務粗利益率から経費率を控除したもの，あるいはコア業務粗利益率に 1 − OHR（Overhead Ratio）を乗じたものに分解される。したがって，ROA を上昇させようとするならば，コア業務粗利益率の引き上げか，コスト効率の向上―すなわち，経費率の場合においても，OHR の場合にもその値の引き下げ―，あるいは粗収益性とコスト効率の双方の同時的なコントロールが求められる。

他方で，金融機関の健全性を指標する自己資本比率は資本／資産で与えられることから，自己資本比率を上昇させるためには，資本の増加率＞資産の増加率でなければならない。資本を増加させる方途としては，内部留保の増加か増資によらねばならないが，増資の成否が金融機関の収益性如何によって左右されることを勘案するならば，基本的には内部留保の増加が求められる。内部留保は当期純利益から配当や役員賞与などの社外流出分を控除した残余であるから，内部留保の増加率はROEから社外流出／資本を控除したものとして表すことができる。つまり，金融機関の健全性を指標する自己資本比率の引き上げを図ろうとするならば，収益性の面においてROEの上昇が求められるということである。

こうした金融機関経営に関わる諸指標間の関係を図的に表現するならば，図3-10のように示されるだろう。貸出業務におけるリスクテイキング行動の活発化→業務粗利益率（粗利ベースROA）の上昇というルートと，コストマネジメントの再構築→OHRの低下（コスト効率の向上）というルートから資産利益率（ROA）の上昇へと繋がっていく。そして，資産利益率（ROA）の上昇が

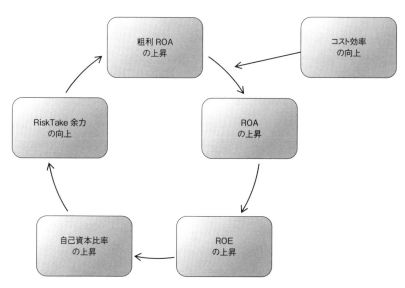

図3-10　金融機関の収益性と健全性の調和（筆者作成）

資本利益率（ROE）の上昇に結びつくと，結果的に自己資本比率は上昇し，金融機関のリスクテイク余力は一層増すこととなる。金融機関経営において，こうした"好循環"が形づくられると，健全性と収益性の間でみられたトレードオフ関係は止揚され，調和的あるいは両立的な関係が形成される。

● 3.3 道内金融機関の損益構造

ここまでの議論で，道内金融機関の損益構造を概観する準備ができた。図3-11 は，道内金融機関の損益計算書をグラフ化したものである[13]。ゼロを基点に，それぞれの収支がプラスの場合には上方に，マイナスの場合には下方に向けて棒グラフが伸びている。2000 年代入り後の道内金融機関の損益構造は，時に当期純利益がマイナスに転じたり，時にプラスの方向に突出したりしているが，2002 年度は不良債権の処理に伴う個別貸倒引当金の繰入からその他経常費用が増加し，これを主因として当期純損失となったものである。2008 年度はいわゆるリーマン・ショックの影響から国債等債券償却が大幅に増加し，ここでもまた最終赤字を計上している。これに対して，2013 年度は北洋銀行が資本注入された公的資金の返済原資として投資信託を解約し，その解約益が資金運用収支に計上されたことにより，当期純利益が伸長した。

これらの点を念頭に，あらためて図 3-11 をみると，業務粗利益（＝資金運用収支＋役務取引等収支＋その他業務収支）は漸次減少する傾向にあり，2016 年度の業務粗利益は 2001 年度比 850 億円減の 2,456 億円となっている（2008 年度と 2013 年度を除いた平均では，3,007 億円）。業務粗利益の大宗を占めているのは資金運用収支で，2008 年度と 2013 年度を除いた平均で 86.6％，2016 年度では 89.4％が資金運用収支による。資金運用収支の内訳では，資金運用収益に占める貸出金利息の割合が 2001 年度以降の平均（除く 2013 年度）で 75.9％，資金調達費用においては預金利息が 72.6％を占めており，道内金融機関は預金・貸出業務を基軸とした伝統的なビジネスモデルの下にあるといえるだろう。

役務取引等収支は，同じく 2008 年度と 2013 年度を除いた平均で 10.8％，2016

---

13) 本稿におけるデータ収集ならびにグラフ化等については，後藤友城氏（北海道財務局）にお世話になった。ここに記して，同氏のご尽力に感謝申し上げたい。

3 財務構造からみた道内金融機関のビジネスモデル　59

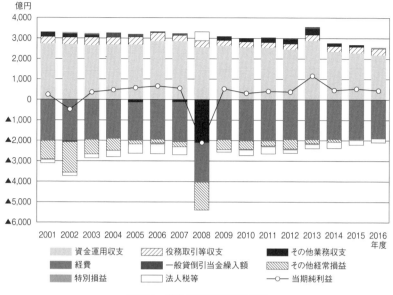

図 3-11　道内金融機関の損益構造
(各金融機関のディスクロージャー誌（各年度版）を集計し，筆者作成)

年度でも 12.1％を占めるにすぎない。金額的には 2016 年度の役務取引収支が 296 億円，2001 年度比 45 億円の減少となっている。このことから，2000 年代入り後の道内金融機関においては，業務粗利益全体が減少傾向を辿るなかで，資金運用収支と役務取引収支の合計，すなわち金融機関の固有業務から得られるコア業務粗利益が業務粗利益のほとんどすべてであり，1990 年代末から続く緩和的な金融政策，就中，2013 年 4 月に始まるいわゆる異次元の金融緩和の下，コア業務のトップラインを如何に引き上げるかが大きな課題となっている。

次に，道内金融機関の費用面に目を移そう。費用において，その大宗を占めているのが経費（＝営業経費－臨時的経費）である。経費は，2000 年代入り後の平均で 1,956 億円，2016 年度は 1,896 億円にのぼる。2001 年度との対比では 130 億円減少したものの，業務粗利益の減少を補うまでには至っていない。経費減少の内訳では，人件費が 2001 年度比 127 億円減少しており，経費の減少が主として人的なリストラクチャリングによって進められたことがわかる。一般貸倒引当金繰入額は，2016 年度が ▲1 億円，2001 年度からの平均では ▲22 億

円となっており，この間の倒産件数・金額の減少を映じたものと推察される。

この結果，業務粗利益から経費および一般貸倒引当金繰入額を差し引いた業務純益は，2008年度と2013年度を除いた平均で1,103億円，2016年度は2001年度比735億円減の561億円まで著しく落ち込んだ。ちなみに，実質業務純益は，2008年度と2013年度を除いた平均で1,050億円，2016年度は2001年度比721億円減の560億円と，一般貸倒引当金の取り崩しにより，業務純益とほぼ同水準にある。また，コア業務純益は，2008年度と2013年度を除いた平均で980億円，2016年度は2001年度比540億円減の593億円となっており，国債等債券関係損益を主な内容とするその他業務収支による利益の嵩上げが思うように進んでいない様がみてとれる。

4 道内金融機関の収益性動向

● 4.1 コア業務純益ベースROE, ROAの推移

これまでみてきたように，道内金融機関は，そのバランスシートにおいても，あるいは損益構造においても，伝統的な金融機関のビジネスモデルを墨守し続けている。だが，伝統的な金融機関のビジネスモデルも，2000年代入り後に限ってみても，絶対的な収益性が低下傾向を辿るなかで，それを維持し続けることが次第に難しくなってきている。そこで，本節では，相対的な収益性の動向に焦点を当てて，道内金融機関の金融仲介活動に内在する課題をもう少し深掘りしてみよう。

図3-12は，道内金融機関のコア業務純益ベースROE（資本効率）と同ベースでのROA（資産の運用効率）の推移を示したものである[14]。いずれの指標においても，2013年度の値がトレンドから外れて突出しているが，これは先にも述べたように，北洋銀行が投資信託の解約益を計上し，これが資金運用収支に含まれていることによる。これを除いてみると，道内金融機関のコア業務純益ベースROEは，2004年度から2006年度にかけてトレンドを若干上回る動き

14）本稿で用いるところのコアベースとは，資金運用収支と役務取引等収支の合計のことを指す。

3　財務構造からみた道内金融機関のビジネスモデル　61

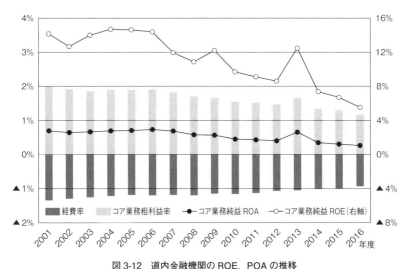

図3-12　道内金融機関のROE, POAの推移
（各金融機関のディスクロージャー誌（各年度版）を集計し，筆者作成）

をみせているものの，概ねトレンドに沿った推移を示しており，2000年代入り後の推移が低下傾向を辿ってきたことがわかる。ちなみに，分析期間の始期にあたる2001年度の値が14.1％，分析期間を通しての平均（2013年度を除く）が11.2％であることを勘案するならば，2016年度における本業の資本効率（5.5％）がきわめて低位にあることがわかる。

この間，道内金融機関の財務レバレッジ（簿価ベースの自己資本比率の逆数）はおよそ20倍の水準で安定的に推移しており，コア業務純益ベースROEの低下が同ベースでのROA（資産の運用効率）の低下によってもたらされたことがうかがわれる。事実，2001年度に0.7％であったコア業務純益ベースROAは，漸次，低下傾向を辿り，2016年度には0.3％と，2000年代入り後に限ってみても，その水準は半分以下にまで落ち込んでいる。伝統的な金融機関のビジネスモデルを想起するならば，それは典型的なストック・ビジネスであり，資産規模が拡大（2001年度平均残高16兆3,306億円→2016年度平均残高21兆7,891億円）するなかでコア業務純益ベースROAが低下しているということは，道内金融機関の資産運用効率が限界的に低下していることを意味する。

では，資産の運用効率が限界的に低下してきたのはなぜか。コア業務純益

ベース ROA（＝コア業務粗利益率－経費率）の変動は，コア業務粗利益率要因と経費率要因に分解できることから，いずれの要因が強く作用しているのかを，次にみることにしよう。2001 年度において，コア業務粗利益率は 2.0％，経費率は 1.3％であった。その後は，両指標とも低下傾向を辿り，2016 年度のコア業務粗利益率は 2001 年度比 0.8 ポイント低下の 1.2％，経費率は同 0.4 ポイント低下の 0.9％に至る。両指標の変化をみれば，コア業務純益ベース ROA の低下の原因は，一目瞭然である。すなわち，道内金融機関は経費率に指標されるコスト効率の向上に努めるも，コア業務粗利益率に指標される資産運用効率（粗利ベース）の低下がそれを上回り，コア業務純益ベース ROA の低下となって顕れたのである。

● 4.2 コア業務粗利益ベース OHR の粗利益推移

図 3-13 は，コア業務粗利益ベースで算出した OHR の推移を示したものである。OHR はその定義（＝費用／粗利益）から，粗利益 1 円を稼得するためにどれだけの費用が費やされたのかを表している。金融機関のコスト効率を指標するものとして経費率も使われるが，こちらは資産 1 円あたりの運用に費やされる費用の割合を表すものである。金融機関においては，経費のほとんどが人件費と物件費から構成されており，それゆえに，経費は固定費的な性格を帯びている。このことから，経費率は資産規模の拡大に伴って逓減する―規模の経済が働く―傾向がある。これに対して，OHR は資産規模に関わりなく，それゆえに，金利収支のみならず，オフバランス取引から生じる非金利収支をも含む粗利益との対比において，金融機関のいわば「稼ぐ」力を測ることができる。

以上を念頭に，図 3-13 をみてみると，その動向は大雑把に，2001 年度から 2006 年度にかけての局面と，2007 年度から 2016 年度にかけての局面に分けてみることができるだろう。2006 年度までの局面では，OHR は低下する傾向にあり，その水準は 2001 年度の 64.1％を始期として[15]，2006 年度には 59.6％まで，5 年間で 4.5 ポイント低下した。これに対して，2007 年度以降（特殊な事情の

---

15) なお，分析期間を通しての道内金融機関の OHR のピークは，2002 年度の 66.1％である。

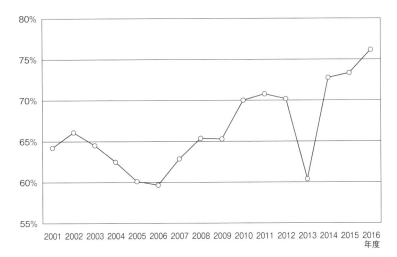

図 3-13　道内金融機関のコア業務粗利益 OHR の推移
(各金融機関のディスクロージャー誌（各年度版）を集計し，筆者作成)

ある 2013 年度は除く）は OHR が上昇する傾向に転じ，2016 年度の水準 76.2%は，分析期間中でのボトムを打った 2006 年度との対比で 16.6 ポイント上昇した。こうした OHR の動向から，この 10 年間で道内金融機関のコスト効率，取りわけ本業における「稼ぐ」力が急速に低下してきたことがわかる。

そこで，コア業務粗利益ベースで算出した OHR の変動が，コア業務粗利益が増減することによって生じているのか，あるいは経費が増減することによって生じているのかを確認するために，変動要因分析を行ってみた。図 3-14 は，OHR 前年度差がいずれの要因で生じたのかを要因分解してみたものである。2006 年度までの低下局面においては，年度ごとにばらつきもみられるが，5 年間を通して累積的にみると，コア業務粗利益要因の寄与度が▲1.4 ポイント，経費要因の寄与度が▲3.2 ポイントとなっており，コア業務粗利益の増加と経費の低減が相俟って，OHR の低下がもたらされてきたといえる。これに対して，2007 年度以降の上昇局面においては，10 年間の累積で，コア業務粗利益要因の寄与度が 18.4 ポイント，経費要因の寄与度が▲1.7 ポイントと，経費要因が引き続き OHR を低下させる方向に作用しているのに対して，コア業務粗利益要因は OHR を上昇させる方向に作用している。言い換えるならば，経費の削減

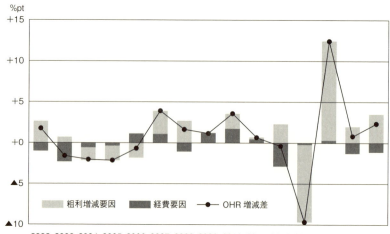

図 3-14 コア業務粗利益 OHR の変動要因
(各金融機関のディスクロージャー誌(各年度版)を集計し,筆者作成)

を上回る勢いで,道内金融機関のコア業務粗利益が減少しているということだ。ここでも,道内金融機関にとって本業のトップラインの引き上げが喫緊の課題となっていることをみてとることができる。

● 4.3 資金運用収支の推移

ここまでの議論では,道内金融機関の本業においては,トップラインの引き上げが,金融機関経営にとっての大きな課題となっていることをみてきた。また,前節においては,道内金融機関のコア業務粗利益について,その8～9割が資金運用収支によって占められ,役務取引等収支の割合はおよそ1割にすぎないこともみてきた。そこで,本節ではコア業務粗利益の大宗を占める資金運用収支に注目し,資金運用収支の何が問題なのか,あるいは資金運用収支のどこに問題が潜んでいるのかを探る。

図 3-15 は,道内金融機関の資金運用収支の推移を,2000 年代入り後についてみたものである。先にみた OHR と同様に,道内金融機関の資金運用収支は,2006 年度以前の増加傾向期と 2007 年度以降の減少期に分けることができる。

3 財務構造からみた道内金融機関のビジネスモデル　　65

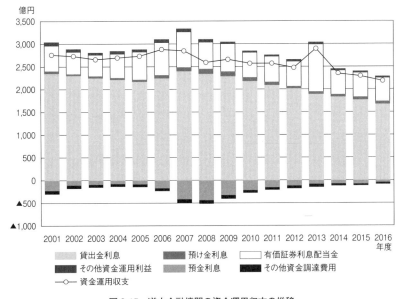

図 3-15　道内金融機関の資金運用収支の推移
(各金融機関のディスクロージャー誌（各年度版）を集計し，筆者作成)

　2001年度から2006年度にかけての5年間で，資金運用収支は118億円増加し，2006年度に稼得した2,879億円は2000年代入り後のピーク水準である。資金運用収益の内訳では，貸出金利息が漸減するなかで（2001年度：2,369億円→2006年度：2,256億円），預け金利息と有価証券利息配当が資金運用収益の嵩上げに寄与し，資金運用収益全体では52億円増加した。同期間，預け金利息は15億円の増加（2006年度：56億円），有価証券利息配当金は165億円の増加（2006年度：744億円）をみた。他方で，資金調達費用は預金利息を中心に66億円減少し，資金運用収支に対して，これを増加させる方向で推移した。これらの動向をより端的に表現するならば，貸出金利息の減少を有価証券利息配当金の増加と資金調達費用の減少で補った恰好となっている。
　これに対して，2007年度以降の10年間は，資金運用収益全体で2006年度比684億円の減少し，2016年度の2,195億円は2000年代入り後，最低の水準にある。この間，資金運用収益は828億円減少し，そのうちの7割弱に相当する571億円は貸出金利息の減少によるものである（2016年度：1,685億円）。それ

のみならず，2007年度以降になると，預け金利息や有価証券利息配当金も軒並み減少し，預け金利息は10億円減の47億円（2016年度），有価証券利息配当金は216億円減の528億円（2016年度）にとどまっている。資金調達費用では，預金利息が2006年度との対比で132億円減少したのをはじめ，資金調達費用全体で145億円減少をみた。ちなみに，2016年度の資金調達費用81億円，預金利息48億円は，いずれも2000年代入り後の水準では最低の水準にある。緩和的な金融政策が持続するなかで，貸出金利息の減少が止まない一方で，預け金利息，有価証券利息配当金もまた減少に転じ，預金利息をはじめとする資金調達費用の減少だけではもはや，資金運用収支を維持できない状態にあるのが現状である。特に，資金調達費用の下げ余地が狭まっている状況下においては，返済・償還等により相対的に高い利回りの資産が相対的に利回りの低い資産に置き換わるなかで，資金運用収益の減少がそのまま資金運用収支の減少に結びつき易い状況にあるといえるだろう。

● **4.4 総資金利鞘および預貸金利鞘の推移**

　2016年度に至る過去10年間の推移から，貸出金利息の減少を主因として，資金運用収益全体もまた減少していることをみてきた。資金運用収益あるいは貸出金利息が減少する要因としては，総資金運用利回り・貸出金利回りの低下か，資金運用勘定・貸出金残高の減少，あるいは利回りと残高が相俟っての減少等が考えられる。だが第1節でみてきたように，この間，資金運用勘定も貸出金残高も増加する方向にあった。その点を考え合わせると，資金運用収益や貸出金利息の減少は，総資金利鞘・預貸金利鞘の低下によってもたらされたと結論づけることができるだろう。そこで，本節では道内金融機関の総資金利鞘，預貸金利鞘の動向に焦点を絞り，これらの推移について概観しておこうと思う（図3-16）。

　図3-16から共通に言えることは，2007年度以降，経費率が漸次低下する傾向にあり，2006年度との対比で2016年度には0.24ポイントの低下をみている（2016年度：0.94％）。また，総資金利鞘においては資金調達利回りが0.1ポイント低下し，預貸金利鞘においては預金利回りが0.1ポイント低下したことで，2016年度の水準はそれぞれ0.13％，0.38％と，限りなくゼロの近傍に近づいて

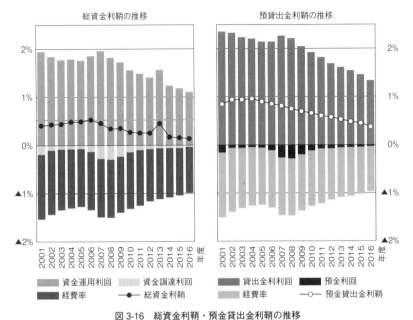

図 3-16 総資金利鞘・預金貸出金利鞘の推移
(各金融機関のディスクロージャー誌(各年度版)を集計し,筆者作成)

いる。他方で,資金運用利回りと貸出金利回りは,2006年度との対比で,それぞれ0.75ポイント,0.80ポイント低下し,2016年度には資金利回りが1.09％,貸出金利回りが1.34％と,2000年代入り後では最低の水準にある。このことから,総資金利鞘においても,預貸金利鞘においても,経費率や資金調達利回り・預金利回りの低下から利鞘改善がもたらされたものの,その効果を打ち消すように,資金運用利回りや貸出金利回りが低下し,結果的に,総資金利鞘や預貸金利鞘は低下を余儀なくされたのである。資金運用利回りや貸出金利回りが低下した背景には,緩和的な金融政策が金融機関の収益に対してネガティブな影響を及ぼしているであろうことは論を待たないが,貸出金利回りの低下については,政策的な影響に加えて,金融機関間の競争激化が利回りの低下に拍車をかけていることが推察される。

図3-17は,貸出金利回りを要因分解したものである。2006年度との対比において,経費率が0.24ポイント低下したことは,先に述べたとおりである。問

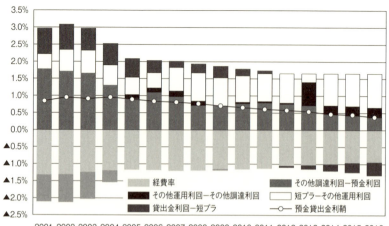

図 3-17 道内金融機関の預金貸出金利鞘の要因分析
(各金融機関のディスクロージャー誌（各年度版）を集計し，筆者作成)

題は，預金利回りと市場運用等マーケットでの運用利回りの利差，市場運用等マーケットでの運用利回りと短期プライムレートの利差，短期プライムレートと貸出金利回りの利差である。営業店と本部資金セクション間での資金貸借の仕切りレートを，仮にマーケットでの運用利回りとするならば，この利差が2007年度以降，0.55ポイント低下した。収益管理上営業店はここで集めた預金を本部資金セクションに預けるか，それとも貸出金で運用するかを比較考量する。そのとき，比較考量の基準となるのが，市場運用等マーケットでの運用利回りと短期プライムレートの利差である。この利差は，2007年度以降，0.55ポイント拡大している。つまり，営業店の立場に立てば，本部資金セクションに集めた預金を預託するよりも，短期プライムレートであるとはいえ，自らの手で貸し出す方が営業店収益に貢献する。そして，貸出金に資金を振り向ける際には，長期貸出の方が短期貸出よりも期間スプレッドを上乗せすることができる分，より高い収益を得ることができるというのが一般的な考え方であろう。ところが，その期間スプレッドも変調をきたし，2007年度以降は0.71ポイント低下した。取りわけ2012年度以降は，短プラ割れの状態が常態化するとともに，割れ幅も拡大しつつある。つまりは，貸出金に資金を振り向けたとしても，貸

出期間に見合わない出血的なプライシングを強いられるようになってきたということだ。収益的には長期貸出を推し進めながらも，一部の優良貸出先を巡っての競争が激化し，その結果として，いわゆる金利競争の激化を招いたのではないかと推察される。別言するならば，緩和的な金融政策の下にありながらも，貸出金は思うように伸びず，一部の優良貸出先を巡っての消耗戦─貸出金利のダンピング─が繰り広げられ，結果として，貸出金利回りの低下を招来したのではないだろうか[16]。道内金融機関はいま，低金利競争の泥沼に嵌まっているのかもしれない。

5 道内金融機関の収益性と健全性

● 5.1 コア業務純益ベース ROE，ROE と資本増加率

第3節では，道内金融機関の収益性動向をコアベースの財務データを用いて概観してきた。そこで見出されたのは，伝統的なビジネスモデルの下，緩和的な金融政策が持続するなかで，トップラインの落ち込みに喘ぐ金融機関の姿であった。貸出金利息をはじめとする資金運用収益の減少からコア業務純益ベース ROE は，直近10年間だけをみても，低下傾向を辿り，2016年度の水準（5.5％）は2006年度のおよそ1/3にまで下落した。道内金融機関の固有業務は今なお，出口の見えない状況にある。

こうした業務純益ベース ROE の動向は，国債等債券関係損益を主たる内容とするその他業務収支や臨時損益，特別損益，法人税等の加減にも影響されながら，ROE の動向を基本的に規定する。図 3-18 は，コア業務純益ベース ROE，ROE と資本増加率の推移を示したものである。個別貸倒引当金繰入額と株式等償却が膨らみ最終赤字に陥った 2002 年度，リーマン・ショックの影響から国債等債権償却が大幅に増加した 2008 年度，北洋銀行が資本注入された公的資金の返済原資として投資信託を解約し，その解約益が資金運用収支に計上された 2013 年度を除くと，コア業務純益ベース ROE と ROE の相関係数は 0.486

---

[16] 例えば，住宅ローンを巡るキャンペーン金利競争を想起されたい。住宅ローンビジネスの現状については，齋藤（2013）を参照。

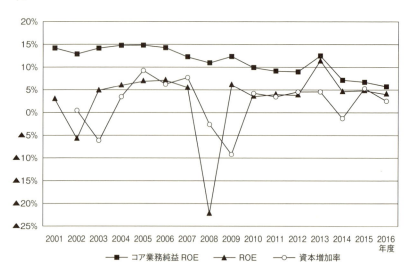

図 3-18　コア業務純益ベース ROE，ROE と資本増加率
(各金融機関のディスクロージャー誌（各年度版）を集計し，筆者作成)

と，正の相関関係が認められる[17]。他方，ROE と資本増加率の間では，2008 年度と 2013 年度を除くと，1 期のラグをおいた時差相関係数で 0.767 と，強い相関関係が認められる。このことから，コア業務純益ベース ROE の動向が ROE の動向を一定程度規定し，ROE の動向はまた，資本増加率の動向を規定するという関係があるということを，概していうことができるだろう。

● 5.2　資本増加率，資産増加率と自己資本比率

金融機関が経営の健全性向上を企図して，自己資本比率を一定の水準以上に維持ないし上昇させようとするならば，資本増加率≧資産増加率となるように振る舞わなければならない。図 3-19 は，道内金融機関の資本増加率と資産増加率の推移（いずれも簿価ベース）を示したものである。先に述べた特殊事情

---

[17] コア業務純益ベース ROE と ROE の乖離は，国債等債券関係損益のほか，貸出金償却などの不良債権関係損益や株式関係損益といった臨時損益，法人税，住民税及び事業税に起因する。このうち，国債等債券関係損益と臨時損益は，その計上に金融機関の主体的な意思決定が働くという意味で，経営コントロール変数とみることができよう。

3 財務構造からみた道内金融機関のビジネスモデル

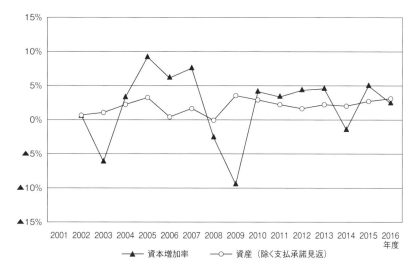

図 3-19 道内金融機関の資本増加率と資産増加率
(各金融機関のディスクロージャー誌(各年度版)を集計し,筆者作成)

が生じた翌年度,すなわち 2003 年度と 2009 年度,2014 年度を除くと,押し並べて資本増加率が資産増加率を上回っている。

だが,それでもなお,自己資本比率の水準それ自体はさほど高まってはいない。図 3-20 から簿価ベース自己資本比率を辿ると,2001 年度の 4.91% から 2007 年度の 5.46% まで高まったが,リーマン・ショックの影響から 2009 年度は 4.66% へと大きく低下した。その後,簿価ベース自己資本比率は再び上昇へと転じたが,2016 年度の水準は 4.95% に留まっている。この間の平均が 4.92% であることを考え合わせれば,2000 年代入り後の簿価ベース自己資本比率は,上昇というよりはむしろ,横ばいで推移してきたといえるだろう。その意味では,本業の不振から ROE の水準が伸び悩むなかで,金融機関の自己資本は簿価ベースで,高々,自己資本比率の水準を維持するほどしか蓄積されなかったとみてよい。

しかし,その一方で,金融機関のディスクロージャー誌などで公表されているリスク・アセットベースの自己資本比率は,2000 年代入り後も比較的順調に上昇し続けている。2002 年度に 10.13% であったリスク・アセットベースの自

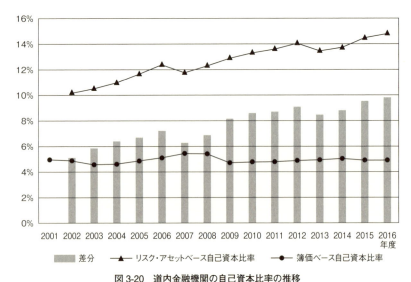

図 3-20　道内金融機関の自己資本比率の推移
（各金融機関のディスクロージャー誌（各年度版）を集計し，筆者作成）

己資本比率は，2007年度と2013年度に一時的に下落をみたが，2016年度には14.76％にまで高まった。このことを映じて，簿価ベース自己資本比率とリスク・アセットベースの自己資本比率の差分は，年々，乖離する傾向にある。2002年度における両者の乖離は5.22ポイントであったが，これが2016年度になると，9.81ポイントにまで拡大することとなる。

　では，なぜ簿価ベース自己資本比率とリスク・アセットベースの自己資本比率の間に乖離が生じ，そしてまた，それが年々拡大しているのか。その理由は，リスク・アセットベースの自己資本比率の算出方法にある。図3-21は，リスク・アセットベース自己資本比率の算出方法をごく搔い摘んで示したものである。リスク・アセットベース自己資本比率を算出する際の最大の特徴は，計算式の分母が簿価ではなく，簿価にリスク・ウェイトを乗じたリスク・アセットを用いているところにある。貸出債権や有価証券といった資産には，その貸出先や投資先ごとに，それぞれのリスクに応じてリスク・ウェイトが定められており，簿価にリスク・ウェイトを乗じたものの合計がリスク・アセットとして算出される。図3-21の下部に示されるように，例えば，国債や地方債，現金等

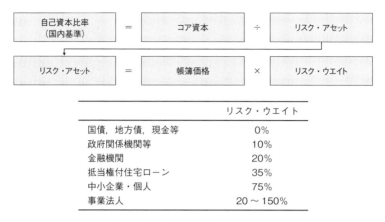

図 3-21　リスク・アセットベース自己資本比率の算出
(出所:金融庁『バーゼル3(国際合意)の概要』を基に,加筆作成)

を資産として保有している場合,簿価としてはそれぞれの在り高が計上されるが,リスク・アセットベースに引き直すと,これらの資産のリスク・ウェイトがゼロであることから,リスク・アセットとしての残高はゼロとなり,これらの資産をいくら保有していても分母には加算されないということになる。また,抵当権付住宅ローンの場合は,リスク・ウェイトが35%であることから,リスク・アセットとしては簿価の35%だけが計上されることとなる。それゆえ,リスクの面で相対的に安全な資産を保有している場合には,簿価ベースの資産総額に比して,リスク・アセットの合計額は低く算出され,リスク・ウェイトによって分母が圧縮された分,自己資本比率は簿価ベース自己資本比率よりも高めの値をとなる。これが,簿価ベース自己資本比率とリスク・アセットベース自己資本比率が乖離する理由である。

それではなぜ,道内金融機関の簿価ベース自己資本比率とリスク・アセットベース自己資本比率の乖離は,経年的に乖離幅が大きくなっていったのか。これも,簿価ベースでみた主体別貸出債権・有価証券残高とリスク・ウェイトの関係から説明することができる。先にみたように,道内金融機関のバランスシートにおいては,国や地方公共団体向けの貸出債権・有価証券投資(国債や地方債)が,2016年度末に至る10年間で,そのシェアを大きく伸ばしている。また,日本銀行や系統上部機関への預け金にも,シェアの著しい上昇がみられ

る。これに対して，事業者向けの貸出債権や有価証券投資は，絶対額こそ4,000億円ほど増やしているが，そのシェアは5ポイントほど低下した状況にある。つまり，道内金融機関の資産ポートフォリオにおいては，相対的にリスクの高い（リスク・ウェイトの高い）事業者向けの投融資が後景に退き，相対的に安全な資産に対する選好が強くなる―低リスク資産がバランスシートに積み上がる―ことで，簿価ベース自己資本比率とリスク・アセットベース自己資本比率の乖離が傾向的に拡大しているものと考えられる。

さらにいえば，簿価ベースの自己資本比率はいわば，リスク・ウェイトをすべて100％と見なした自己資本比率ともいえる。その点では，最も保守的に算出された自己資本比率であるともいえ，それが伸び悩むなかで，リスク・アセットベース自己資本比率が上昇している現状をどう評価するかという問題が残る。資本の質という点では，リスク・アセットベース自己資本比率は，いわゆる分母対策によって水膨れした状態にあると考えるのは穿ち過ぎだろうか。実損に対する備えからすると，簿価ベース自己資本比率の方が金融機関の健全性を測る上では有用であるように思われる[18]。

● 5.3　道内金融機関における収益性と健全性の不調和

さて，ここまで道内金融機関のバランスシート構造から始まり，収益性，健全性へと，指標間の連関を念頭に置きながら概観してきた。これらの連関を先に見た金融機関の収益性と健全性の調和を参照軸として整理し直すと，道内金融機関の様相は図3-22のように示されるだろう。一見して，道内金融機関の様相は，金融機関の収益性と健全性の調和が崩れた状態にあると判断できる。

例えば，低リスク資産の積み上げを振り出しに，道内金融機関の様相をまとめると，低リスク資産の積み上げは，リスク・アセットの圧縮を通して，リスク・アセットベース自己資本比率の上昇をもたらしているものの，簿価ベースに引き直した場合には，当然に，分母（簿価ベースの資産規模）が膨らみ，コア業務粗利ベースのROAの低下を招くこととなる。コア業務粗利益ベースの

---

[18] 例えば，実損が生じた場合，簿価ベース自己資本比率よりもリスク・アセットベース自己資本比率が高いことに，どれほどの意味があるのか考えてみるとよい。

3 財務構造からみた道内金融機関のビジネスモデル　75

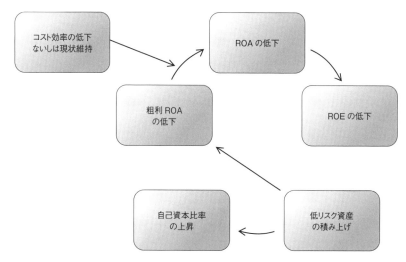

図 3-22　道内金融機関の収益性と健全性の不調和（筆者作成）

ROAの低下に対しては，経費率の低下によってこれを補おうとするが，コア業粗利益の低下に対して，経費の削減が追いつかない状態が続いている。結果としてROAが低下するとともに，財務レバレッジ（簿価ベース自己資本比率の逆数）が概ね横ばい気味に推移しているなかにあっては，ROAの低下がそのままROEの低下へと繋がる。ROEの低下の背景には，コア業務純益の大宗を占める資金運用収支の低下があり，ROEの上昇を容易に図れないという状況が控えている。もちろん，その他業務収支や臨時損益による当期純利益の嵩上げを図ることは可能だが，道内金融機関のビジネスモデルにおいては，現状，それらを嵩上げしての当期純利益の確保は，緩和的な金融政策や益出しに振り向けられる有価証券の枯渇からかなりの困難を伴うものと推察される。しかも，国債等債券損益や株式等売却益は，一時しのぎには有用だが，高値での買い戻しを考えると，中長期的な収益源泉とはなり得ないものと考えられる。代替策として，貸出金利息にしても，有価証券にしても，利回りの低下を補うほどにボリュームを追求しようとすれば，それはまた，低リスク資産の積み上げを助長することになりかねない。その意味では，伝統的な金融機関のビジネスモデルを抜本的に改革しない限り，道内金融機関の未来を拓くことは，相当に困難

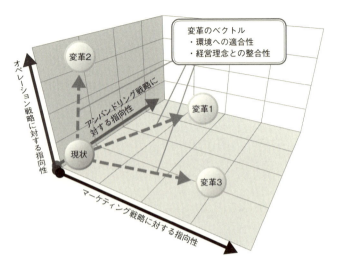

図 3-23　金融機関ビジネスモデル変革の方向性（筆者作成）

な道であると言わざるをえない。その意味では，伝統的な金融機関のビジネスモデルを墨守する限りにおいて，その持続可能性は早晩行き詰まる可能性がある。

では，そうしたビジネスモデル上の隘路をどのようにして打開するか。本稿を結ぶに当たって，いくつかの方途を提示しておこう。ここでは仮説的に3つの方向性について触れておく（図3-23）。一つ目は，業務粗利益を増加するための方途として，マーケティング戦略に対する志向性を強めていくことである。これは，顧客ニーズを取り込みながら，いかに顧客から望ましい反応を引き出すかといった戦略の方向性である[19]。二つ目は，コスト効率の改善を志向して，オペレーション戦略を重視する方向性を強める道である。アウトソーシングやBPR（Business Process Re-engineering）等による効率性の追求により，コスト優位を確立していく戦略である[20]。さらに，もう一つの方向性として，金融

---

19) 金融マーケティングを巡る最近の潮流については，例えば戸谷（2018）を参照。
20) 例えば King（2015）では，リテール金融ビジネスのリエンジニアリングが説かれている。

仲介機能を戦略的にアンバンドリングすることである。これは，自らの強みを活かして機能を分解し，その方向に特化していく戦略であるとえるだろう[21]。もちろん，これら戦略の一つが選択されるわけではなく，各金融機関の競争環境や経営理念等との整合性を勘案しながら，自らが最適と考える組み合わせを選択すべきところに，今まさに，至っているのではないだろうか。

参考文献
[欧文文献]
King, B.（2013）*BANK 3.0: Why Banking is No Longer Somewhere You Go, But Something You Do*, New York: John Wiley & Sons.（上野博訳『脱・店舗化するリテールバンキング戦略』東洋経済新報社，2015年。）
McKinsey Retail Banking Practice（2002）*Achieving Excellence in Retail Banking*, New York: John Wiley & Sons.（マッキンゼー・金融グループ訳『リテール・バンキング戦略』ダイヤモンド社，2004年。）
Merton, R. C., & Bodie, Z.（1995）"A Framework for Analyzing the Financial System", in Crane, D. B. et al., *The Global Financial System: A Functional Perspective*, Boston, MA: Harvard Business School Press.
Porter, M. E.（1985）*Competitive Strategy: Techniques for Analyzing Industries and Competitors*, New York: Free Press.（土岐坤・服部照夫・中辻万治訳『（新訂）競争の戦略』ダイヤモンド社，1995年。）

[邦文文献]
アクセンチュア（2016）『フィンテック 金融維新へ』，日本経済新聞出版社。
岩崎俊博編（2015）『地方創生に挑む地域金融』，金融財政事情研究会。
大垣尚司（2004）『金融アンバンドリング戦略』，日本経済新聞社。
大久保豊編著（2003）『銀行経営の理論と実務』，金融財政事情研究会。
岡村秀夫・田中敦・野間敏克・播摩谷浩三・藤原賢哉（2017）『金融の仕組みと働き』，有斐閣。
金子康則・平田光義（2016）『金融機関のROE戦略』，中央経済社。
川本裕子（2015）『金融機関マネジメント』，東洋経済新報社。
銀行経理問題研究会（2016）『銀行経理の実務（第9版）』，金融財政事情研究会。
金融庁（2013）「バーゼル3（国際合意）の概要」。
金融庁（2017a）「平成28事務年度 金融レポート」。
金融庁（2017b）「平成29事務年度 金融行政方針」。

21）金融機関のアンバンドリング戦略については，例えば大垣（2004），アクセンチュア（2016）を参照。

金融仲介の改善に向けた検討会議（2018）「地域金融の課題と競争のあり方」。
齋藤一朗（2013）「住宅ローンビジネスの現状と戦略構築」,『季刊 個人金融』, Vol.8, No.2, 2013年8月,：52-62。
齋藤一朗（2014）「北海道経済の貯蓄投資バランスと域際収支」, 穴沢眞・江頭進編『グローバリズムと北海道経済』ナカニシヤ出版, 第2章：29-45。
齋藤一朗（2016）「銀行ビジネスモデルのフレームワーク」,『商学討究』, 第67巻第2・3合併号, 2016年12月,：45-90。
多湖秀人（2007）『地域金融論』, 金融財政事情研究会。
戸谷圭子（2018）『カスタマーセントリックの銀行経営【価値共創版】』, 金融財政事情研究会。
野村資本市場研究会編（2015）『日本の地方銀行戦略の課題と展望』, 野村資本市場研究所。
野村総合研究所（2002）『変貌する米銀』, 野村総合研究所。
濱田陽二（2018）『銀行経営変革』, 金融財政事情研究会。
みずほ総合研究所編『国際金融規制と銀行経営』, 中央経済社。
本島康史（2003）『銀行経営戦略論』, 日本経済新聞社。
PwC総合研究所編（2018）『金融機関のビジネス戦略』, 中央経済社。

4 北海道小樽市における電子地域通貨の社会実験
―域内経済循環の構築に向けた現状と課題

1 はじめに

本章は，2012年11月から2014年8月にかけて，北海道小樽市で行われた電子地域通貨の社会実験の成果をまとめたものである。これまで学会や研究会等で報告の機会を得たが，今回はそれらの内容を一つにまとめ，加筆修正と追加的な考察を行った[1]。

● 1.1 本実験の経緯

本実験は，小樽商科大学「地域研究会」（その後「地〈知〉の拠点整備事業 (Center of Community: COC)」に展開する）が立ち上げたプロジェクトに端を発している。当時，学内では小樽市内の地域活性化と観光まちづくりの支援を目的として，地域通貨の導入・支援が検討され，2012年4月より勉強会を開始した[2]。市議会議員，市役所の職員，市内の各種団体代表や事業経営者，さらに大学の教職員や学生が集い，地域通貨の理解を深めるための講義やワークショップを実施した。それらの取り組みを踏まえて，市内のIT事業者（株式会社K2）と共同で電子地域通貨システムの開発を進め，プロトタイプの実証実験を計画し，実現に至った。小樽商科大学が協力のもと，市民団体「地域通貨

---

1) 本章の内容は宮崎・江頭（2013）および宮崎（2016）の成果に依拠している。
2) 小樽市では，2010年頃から電子地域通貨の導入を検討してきたが，実現することはなかった。その理由の一つには，費用対効果の問題をあげることができる。なぜなら，新たなシステムの構築と運用にかかる費用が大きな負担となり，財源を捻出することが困難であったからである。また，2001年から数年間にわたり，ボランティア活動や相互扶助をはじめとする助け合いの御礼として，市民団体がエコマネー「タル」を発行したこともある。

TARCA 運営委員会」が発行主体となり，数ヶ月に及ぶ実証実験を繰り返した。その後，本格的な流通に向けて，まちづくり団体の NPO 法人を立ち上げ，体験的に地域通貨を理解できるカードゲームの開発・頒布を通じて，広く市民に理解してもらうことを目指している。

著者は，地域通貨 TARCA 運営委員会のアドバイザー兼事務局として，地域通貨の制度設計や導入および運営のアドバイスを行った。本稿では，予備的な調査や参与観察，さらに社会実験を実施した結果をまとめている。

● 1.2　本実験の位置づけ

近年，国内では地域通貨に対する関心が再び高まりつつある[3]。なかでも，本稿では地域における ICT（Information and Communication Technology：情報通信技術）の利活用の取り組みとして，多様な価値を交換する媒体である電子地域通貨（地域通貨の電子化）に着目し，地域活性化への応用可能性を明らかにすることを目的とする。そもそも，電子地域通貨とは，技術的には IC カードや携帯電話等を利用する電子的な決済システムの一種であるが，それだけにとどまらず人々の暮らしにおいて新たな価値体系を構築することを目指し，取引の対象を拡張させる可能性を秘めたツールである（上杉 2003，32 頁）。従来の貨幣システムにおいて交換された価値の体系を意図的に変えることによって，新たな交換システム体系を構築し，地域やコミュニティに対する気づきと活性化をもたらすことが期待されている。そして，そのような地域通貨の機能をさらに向上させる手段として ICT との融合を図ることに独自性や有効性を見出そうとする動きが見られる。しかしながら，電子地域通貨を活用して地域課題を解決するまでには多くの課題が山積しており，それらを一つひとつクリアしていく必要がある。

そこで社会実験では，地域通貨を電子化し，それを試験流通というかたちで実地検証することにより，電子地域通貨が果たす役割と導入における課題につ

---

[3] 現代日本の地域通貨の取り組みを概観したものとして，Miyazaki and Kurita（2018）がある。経済人類学者ポランニーの分析枠組みを援用し，国内における多様性と進化を示している。その他，近年日本における地域通貨の実態を明らかにしたものとして，泉・中里（2017）や Kobayashi, Miyazaki, and Yoshida（2017）がある。

いて考察する。そのために，特定のフィールドを対象として，地域通貨の制度設計から流通実験に至るまでの過程を詳述することで，新たに地域通貨を導入するにあたっての課題やその後の流通に影響を及ぼす要因についても同時に解明する。従来の調査研究では，教室やコンピューター上に実験フィールドを設けて，ゲーミングやシミュレーションを通じて，地域通貨の制度設計や導入前後の変化を観察してきた[4]。しかしながら，それが実際の現場でどのように制度設計が行われ地域内に導入されたか，実践によって利用者の意識や行動にどのような変化が見られたか，に関する調査研究はさほど多くない。特に，地域通貨の電子化をめぐる実証実験はこれまでほとんどみられなかった。

本研究は，観察者が電子地域通貨の制度設計や流通実験に関わることを通して，得られた成果や課題を検証する[5]。以下，本章は次のような流れで展開していく。まずは，プロジェクトを始めるにあたって地域の実態を知るために，第2節では，地域経済の構造と資金循環の問題を確認しつつ，実験の予備的調査として実施した住民アンケート調査の分析結果について考察する。それを踏まえて，第3節と第4節では，電子地域通貨を用いた社会実験の概要と地域通貨の流通状況を中心とした実験結果について述べる。第5節では，システムの仕様，地域通貨利用者の価値観や意識，法律的な課題という観点から，実験結果に関する考察を行う。

2 実験の予備的調査

この節では，社会実験の対象地域である小樽市の現状を知るために，統計データに基づく基礎調査と予備的調査として実施したアンケート調査の結果を

---

[4] 例えば，吉田（2012），高橋・小林・橋本（2012），吉田・小林（2016）のように，ゲーミングあるいはシミュレーションを通じて，地域通貨に対する理解の向上と流通条件を探る方法も存在する。

[5] 本研究は，「コミュニティ・ドック」と呼ばれる調査研究主体とコミュニティ当事主体との協働による総合的な評価・改善手法を援用しつつ，実証研究を実施した。この手法は人間ドックのアナロジーによって着想され，コミュニティ開発の支援ツールや当事者自らの自己評価・自己修正として用いられることから，実践的な調査研究アプローチである。詳しくは西部編著（2018）を参照せよ。

概観し，地域通貨の導入によって期待される効果と課題についてまとめておこう。

● 2.1 小樽市の基礎データ

本研究が対象とする小樽市は道央圏の後志地方北部に位置しており，面積243.65㎢，人口129,597人（うち，男性は58,714人，女性は70,883人），世帯数67,021世帯である（実験当初の2012年11月時点）[6]。現在に至るまでの歴史的な変遷をたどると，明治・大正期から昭和初期にかけて，まちの経済は全盛期を迎えていたことが分かる。当時は鰊(にしん)漁が盛んであり，商業港湾都市としても繁栄していたため，昭和30年代にかけて人口は増加傾向にあった。その後，経済情勢などの外部環境の影響によって，まちは急速に衰退したが，昭和41（1966）年から昭和60（1985）年にかけて，小樽運河や石造倉庫群を対象とした歴史的な町並み保存運動を契機に，観光都市へと移行した。その結果，飲食業や宿泊業を中心とする観光産業を基盤としたまちづくりを展開し，現在では年間およそ800万人の観光客が訪れ，うち訪日外国人観光客はおよそ20万人にものぼり，国際的な観光地として認知度が向上している。そのほか，市内では，市民を中心とするまちづくりが盛んに行われており，100以上のまちづくり団体が活躍し，数多くのイベントや祭りが開催されている。

ここで小樽市の経済についてみると，地域経済の構造と資金循環に問題があることが分かる。地域経済の構造的な特徴を示す最も分かりやすい視点は，「生産」，「分配」，「支出」である[7]。一国全体の経済を考えた場合，これら3つの側面を同額とみなす「三面等価の原則」が経済学の基礎的な概念として存在するが，それをそのまま地域経済にもあてはめることができる。まず「生産」とは，地域内の企業が経済活動を通して，生産した商品やサービスの付加価値

---

6) 小樽市は，1964年のおよそ20万人をピークに年々人口減少が進んでおり，2010年4月から「過疎地域」に指定された。この出来事は，合併のない10万人以上の都市としては異例の出来事であった。現在（2018年7月時点）の人口は117,350人（うち男性は52,879人，女性は64,471人）であり，その深刻さは増している。

7) このような視点から地域経済の現状分析を行ったものとして，中村（2014）や枝廣（2018）などが参考になる。

額(販売することで得られた金額から,原材料費や外注費などの中間投入額を差し引いた金額)を指す。これは域内経済を支える主要産業が何かを知るための指標となる。次に,「分配」は域内企業が稼いだ付加価値額が同域内の企業や住民のあいだに所得としてどのように循環しているかを示している。さらに,「支出」は分配された所得が域内の消費や投資に支出されているかどうかを示している。これまでの地域経済の考え方では,いかに域外からの消費や投資を呼び込み,地域内への資金流入を拡大するかという点に主眼が置かれていた。しかしながら,これからの時代は,域外からの資金流入だけでは地域経済の持続的な発展にはつながらず,流入した資金をいかに域内でため込み,さらに循環させるか,といった視点が鍵となる。これらの3つの観点から地域経済循環を把握することで,資金の域外流出による地域経済の縮小が進行しているかどうかを分析することができる。

近年登場したRESAS(Regional Economy and Society Analyzing System:地域経済分析システム)を通して,小樽市の地域経済循環を見ると,図4-1のように表され,以下3つの特徴が浮かび上がる[8]。まず,地域経済循環率の割合が100%を下回っており,北海道後志総合振興局(1市13町6村)内で,上から5番目にとどまっていることが分かる(表4-1)。地域経済循環率は,生産(付加価値額)÷分配(所得)で算出され,地域の経済的な自立度を推測する指標として利用されている。すなわち,この指標の数値が低いということは,その地域の経済が域外からの資金に依存して,域内企業や地域住民の所得を充たしているか,あるいは付加価値額そのものが低いことが考えられる。次に,地域外からの流入および地域外への流出の問題である。分配(所得)面をみると,雇用者所得以外の「その他所得」(財産所得,企業所得,交付税,社会保障給付,補助金等)が813億円も域外から流入している。さらに,支出面をみると,「民間投資額」と「その他支出」(「政府支出」+「地域内産業の移輸出－移輸入」)の合計1,198億円が域外へ流出している。このような結果が生じた原因には,

---

8) RESASとは,地方自治体などが保有する地域経済に関する様々なデータを地図やグラフで分かりやすく見える化(可視化)したシステムであり,人口動態や地域経済循環,産業構造や企業活動,さらには観光などの情報を見ることができる。詳しくは,https://resas.go.jp/ を参照せよ。

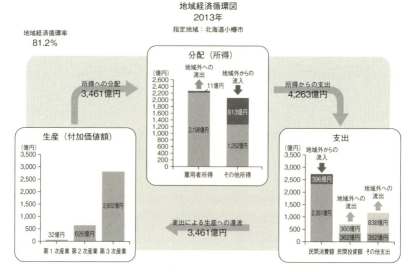

図 4-1　小樽市の地域経済循環図（2013 年）
（データ出所：RESAS を加工して作成）

表 4-1　後志地区における市町村の域内経済循環率（単位：％）

市町村名	域内経済循環率	市町村名	域内経済循環率
泊村	160.5	岩内町	64.4
倶知安町	96.7	寿都町	60.7
仁木町	92.5	古平町	59.1
留寿都村	87.6	共和町	58.5
小樽市	81.2	黒松内町	57.6
余市町	76.8	喜茂別町	56.7
ニセコ町	74.5	蘭越町	52.2
真狩村	67.3	積丹町	51.5
京極町	67.0	島牧村	42.8
赤井川村	65.2	神恵内村	39.4

（データ出所：RESAS をもとに筆者作成）

例えば小樽が人口減少や少子高齢化に伴う域内における経済活動の縮小，外部からの資本や観光消費への依存，さらには域内での雇用創出や生活に必要な商品・サービスの不足が考えられる。

他市町村と同様に，小樽市の域内経済循環が十分に構築されておらず，資金の域外流出および域外からの流入に一部依存していることが確認できた。今後，地域経済の持続的な発展を実現するのであれば，岡田知弘氏が提唱する「地域内再投資力（＝地域内で繰り返し再投資する力）」をいかに作り出すかが決定的に重要である。その力とは具体的に次のようなことを指す。

> 毎年，あるまとまったお金を地域内に投資することにより，そこで雇用や原材料・部品・サービスの調達を繰り返し，地域内の労働者や農家，商工業者の生産と生活を維持・拡大できる力が備われば，住民ひとり1人の生活がなりたち，地域経済の持続的発展が可能となるのです。地域経済の持続的発展とは，地域内の再生産の維持・拡大を意味します（岡田 2005, 139 頁）。

小樽市が地域内再投資力を強化するためには，まずは域内での漏れを防ぐとともに，循環を促進させる工夫が求められる。

上記では，統計データや歴史的な変遷に基づき，小樽市の現状分析を行った。しかしながら，現状を適切に把握するためには，客観的な評価のみならず，市民の生活満足度や市民活動への参加・貢献度をはじめとした主観的な評価についても知る必要がある。そこで，予備的な調査として，小樽市内在住の市民に対するアンケート調査を実施した。

● 2.2 アンケート調査の分析結果

本調査は，小樽市民の生活に関する基礎データを収集し，まちづくりに対する意識や行動を把握するために実施した[9]。調査の概要は表4-2に整理した。

---

9) 本調査は2012年8月に実施したものであり，データとしては若干古いものの，小樽市のまちづくりについて考えるうえで，重要なベースラインとなる基礎調査である。今後も継続的に調査を行い，まちの変容について把握していくことが必要である。なお，本調査は質問紙を郵送し，返信用封筒にて回収する方法を採り，サンプルは，住民基本台帳による層化無作為抽出（居住地区分による層と年齢比例分配法）を用いて抽出を行った。

表 4-2 アンケート調査の実施概要

1. 調査名	地域通貨と地域社会に関するアンケート調査
2. 調査対象地域	小樽市内全域
3. 調査対象者	小樽市内在住の 18 歳以上の男女（2012 年 7 月時点）
4. 標本構成	標本数　1,500
5. 抽出方法	住民基本台帳による層化無作為抽出 ※居住地区分による層，年齢比例分配法
6. 調査方法	質問紙法
7. 調査時期	2012 年 8 月
8. 配布・回収方法	郵送調査法
9. 有効回収数（率）	345（23%）
10. 回収機関	小樽商科大学（地域研究会）

　この調査では，小樽市民が現在の生活についてどのように感じているか，地域活動やボランティア活動に対してどのように考えているか，さらには地域通貨の認識や利用状況に関する質問を行った。これに加えて，小樽のまちづくりや商業活動を把握するために，NPO・ボランティア団体，商店街の構成員である自営業者にもアンケート調査を実施した。本節では，これら3つの主体を対象とした調査の分析結果を概観することで，地域住民や各種団体の現状を明らかにし，地域通貨の導入可能性を検証する。

(1) 地域住民

　小樽市の生活満足度について，項目別に5段階（満足している，ある程度満足している，どちらともいえない，あまり満足していない，満足していない）で質問した。表4-3は，各項目の回答者数を比率で表したものである。小樽市の生活全般について，市民のおよそ2人に1人が生活に「満足している」，「ある程度満足している」と回答している。さらに，項目別にみると，「公共施設」，「雇用機会」，「所得・収入」について，およそ50%以上の人々が何らかの不満を感じていることが明らかである。

　次に，個人属性（「性別」，「居住年数」，「居住地」，「年齢層」，「生活水準」）に応じて，地域住民の生活満足度に差がみられるのかを明らかにするために，

4 北海道小樽市における電子地域通貨の社会実験　87

表4-3　小樽市民の生活満足度（単位：％）

	満足している	ある程度満足	どちらともいえない	あまり満足していない	満足していない
公共交通機関	29.0	42.5	9.7	10.0	8.8
公共施設	5.6	14.2	26.3	30.5	23.4
教育	5.5	24.5	45.1	16.3	8.6
医療	11.5	34.1	23.5	21.2	9.7
食料，衣料，日用品	15.9	39.7	17.6	17.1	9.7
町内会・自治会	7.4	28.8	42.1	15.3	6.5
行政サービス	1.5	18.2	33.6	28.0	18.8
雇用機会	.3	4.2	35.7	30.6	29.1
所得・収入	1.2	9.7	35.8	22.7	30.5
自然環境保護	3.4	22.6	44.8	21.0	8.2
子育て支援サービス	.9	8.1	58.1	23.0	9.9
高齢者向け福祉サービス	2.7	19.5	49.5	19.1	9.1
地域活動やボランティア活動	1.8	13.7	57.4	19.1	7.9
地域の商店街や市場	5.3	26.6	25.7	24.3	18.0
市内の景観	11.0	44.8	20.8	16.3	7.1
防災・防犯	2.7	26.1	45.7	16.9	8.6

グループ間の平均値の差に統計的な有意差が認められるかについて分析を行った[10]。その結果，いくつかの項目において，差異が認められた。

①総合的な満足度について，市内の中心地区（稲穂，花園，富岡など）に居住する人々や生活水準が「中の中」以上と回答した人々の満足度が高い。
②商業に関連する2項目「食料，衣料，日用品の買い物」と「地域の商店街や市場」について，市内の周辺地区（銭函，祝津，塩谷など）に居住する人々や60歳未満の方々の満足度が低い。

10）なお，分析に際しては，SPSS21.0 for Mac を利用して，t 検定を行った。以下の平均値の差に関する分析についても同様である。

③医療に関する項目について，市内の中心地区に居住する人々，居住年数が30年以上の人々，60歳以上の人々の満足度が高い。

全般的に，市内中心地区に居住する人々の生活満足度が高い傾向にあるのは，日常的な買い物や通院する場所へのアクセスの利便性が関係しているのではないだろうか。また，居住年数の長い人々や高年齢層の人々の商業や医療に関連する項目の満足度が高い傾向にあるのは，日頃から日常的に利用しており親しみを感じていることが関係しているのではないかと考えられる。

さらに，地域内のつながりとシビックプライド（まちに対する誇りや愛着）について，項目別に5段階（とても感じる，少し感じる，どちらともいえない，ほとんど感じない，まったく感じない）で質問した。表4-4は，各項目の回答者数を比率で表したものである。「住民同士の助け合いがある」，「地域に対して愛着がある」をはじめ全体的に平均値が高く，「地域の団体や組織間に連携がある」を除くすべての項目において，地域住民のつながりの強さや地元に対する強い愛着などをうかがうことができる。一方で，データからは地域の活性化を必要とする住民の声も表れている。

次に，満足度と同様に個人属性に応じて，地域住民のシビックプライドに差がみられるのかを明らかにするために，グループ間の平均値の差に統計的な有意差が認められるかについて分析を行った。その結果，いくつかの項目におい

表4-4　小樽市民のシビックプライド（単位：％）

	とても感じる	少し感じる	どちらともいえない	ほとんど感じない	まったく感じない
住民同士の助け合いがある	14.0	49.4	17.8	13.2	5.6
地域の団体や組織間に連携がある	12.3	38.7	24.6	17.6	6.7
地域に対して愛着がある	35.5	30.5	20.8	7.9	5.3
地域を活性化させる必要がある	36.3	35.4	20.8	5.4	2.1
地域に将来も住み続けたい	33.6	22.2	30.7	7.6	5.8
地域のために何か貢献したい	15.2	41.1	30.3	6.4	7.0

て，差異が認められた。

①男性の方が女性に比べて，また，所得水準が「中の下」以下に比べて「中の中」以上の人々は，地域に貢献したいという意識が高い。
②60歳以上の高齢年齢層は，地元に愛着があり，将来も地元に住み続けたいと考えている。
③居住年数が30年以上の人々は，地域住民同士，あるいは団体や組織間につながりがあると感じ，地元に対する愛着や，将来も地元に住み続けたいという気持ちが強い。

居住年数や年齢を積み重ねていくことによって，地元地域に対する愛着が強くなり，将来的にも地元に残りたいという人々が多い。居住年数が30年以上または，年齢が60歳以上の人々は，おそらく昭和42（1967）年から昭和60（1985）年にかけて，運河論争を間近で見てきた世代の方々が多く含まれていることから，そこでの経験がシビックプライドを高める一因になったのではないだろうか。

そのほか，ボランティア経験のある人々と地域通貨について知っているあるいは関心がある人々は，他の人々に比べて，地域活性化の必要性を感じており，地域のために何か貢献がしたいと考えていることが分かった。

(2) NPO・ボランティア団体

NPO・ボランティア団体に関しては，小樽市ボランティア・市民活動センターに団体登録されている88団体と，小樽市内に事務所を構えるNPO法人25団体の計113団体に対して郵送でアンケート調査を実施した。現在の活動状況，地域通貨，団体の属性に関する質問を行い，26.5％（30団体）から回答を得た[11]。

---

11) 本調査は2012年8月に実施したものであり，地域住民を対象とした調査と同様に貴重な基礎調査である。なお，本調査は質問紙をセンター経由で直接配布または郵送し，返信用封筒にて回収する方法を採り，サンプルは，HP等で把握することができた市内のボランティア団体およびNPO団体すべてを対象とした。

表 4-5 小樽市の NPO・ボランティア団体の活動の社会的な効果 (単位:%)

	とても感じる	やや感じる	どちらとも言えない	あまり感じない	まったく感じない
地域や社会の課題を解決するのに役立つことができた	10.7	39.3	21.4	17.9	10.7
活動に参加していない人々の参加を促すことができた	13.8	24.1	27.6	20.7	13.8
活動分野について,社会的な関心を集めることができた	10.7	39.3	39.3	7.1	3.6
行政やその他の諸団体との連携が生まれた	20.7	37.9	37.9	0.0	3.4
参加者の知識や技能などを高めることができた	20.7	27.6	34.5	13.8	3.4
活動に関わる人々の間で,絆を深め合うことができた	17.2	48.3	17.2	10.3	6.9
活動に関わる人々の間で,地域に対する愛着が生まれた	3.4	41.4	37.9	13.8	3.4

　現在の団体の活動について,11段階(とても満足を10点,とても不満を0点)で質問したところ,平均は6.83点であった。満足度を判断する際に重視した項目として最も多かったのは,「活動内容」であり,次いで「活動の継続性」,「社会貢献または地域貢献の度合い」であった。次に,団体の活動がどの程度の社会的な効果を生み出していると感じるか,について質問し,表4-5のような結果が得られた。おおよそ半数以上の団体が「地域課題の解決」,「社会的な関心」,「団体間や組織内でのつながり」など社会的な効果を実感する一方,「活動に参加していない人々の参加を促すこと」についてあまり実感が得られていないことが分かった。

　また,団体の属性(構成員数,報酬観,活動頻度,活動予算の規模)と地域通貨の認知度に応じて,団体の活動状況に関する満足度や社会的な効果の実感に差がみられるのかを検証した。結果として,地域通貨のことを知っている団体の満足度が高いことが明らかとなった。地域通貨のようなまちづくりを支援するツールについて認知しているということは,団体の活動の幅や視野が非常

に広いことが予想され，結果として活動の満足度が高くなったのではないだろうか。そのほかの結果として，構成員の人数が多い（30人以上）団体ほど「地域の課題解決に役立った」と実感する団体の割合が多く，活動頻度が多い（週に数回以上）団体ほど「諸団体との連携」や「参加者の知識や技能の高まり」を実感する団体の割合が多いことが分かった。ただし，活動を継続していくうえでの課題として，「活動メンバーが集まらない」や「メンバーが高齢化している」ことなどがあげられており，今後まちづくり活動を支える中間支援組織の持続性についても注意深く検討していかなければならない。

(3) 商店街の構成員である自営業者

最後に，商業関係者について，市内の商店街振興組合連合会に所属する各商店街組合の構成員である自営業者およそ485店舗を対象にアンケート調査を実施した。商業区の活動，各店舗の現状と取り組み，地域通貨について質問したところ，34.6％（168店舗）から回答を得た[12]。

各自営業者の最寄りの商業区（商店街）の様子について，4段階（大変満足である，やや満足である，やや物足りない，非常に物足りない）で質問したところ，80％以上の店舗が物足りないと感じている。また，店舗の経営状態について質問したところ，およそ60％が現在と半年後の見通しともに「良好ではない」と回答している。このことから，現状として商店街および各店舗の経営状況は厳しく，そのことは商店主も実感しているということが分かる。この分析結果に加えて，各店舗の属性（業種，開業年数，経営者の年齢）に応じて，満足度や経営状態の判断に差がみられるのかを検証したところ，60代以上の経営者と60代未満の経営者では，商業区の満足度，現在と将来の経営状態の見通しに差異が生じた。60代以上の高齢な経営者に比べて，60代未満の生産年齢に相当する人々は，現在の商店街や店の経営に比較的満足していることが分かった。

---

12) 本調査は，2015年1月から3月にかけて実施したものである。なお，本調査は質問紙を商店街経由で直接配布または郵送し，返信用封筒にて回収する方法を採り，サンプルは，小樽市商店街振興組合連合会から入手した名簿などを参考に，商店街の構成員であるすべての自営業者を対象とした。

表 4-6　小樽市事業所の地元小売店利用率

業種	購入先別割合（%）				
	地元 (H27)	地元 (S45)	他都市 (H27)	他都市 (S45)	その他 (H27)
衣料・身回品	50.7	95.7	51.5	4.3	62.8
什器備品	63.7	94.2	64.4	5.8	63.6
図書・消耗品	75.7	96.6	46.2	3.4	44.8
食料品	82.2	99.0	44.4	1.0	39.4
燃料費	94.4	99.0	47.5	1.0	10.0

※昭和45年のデータは『小樽市広域商業診断報告書（昭和46年1月）』を参照。

　次に業種ごとの店の仕入れ状況（平均値）をみると，1970年の調査と比べて2015年の地元調達率が減少していることを示している（表4-6）。サンプル数が少ないため，現状を正確に示しているとは言えないかもしれないが，域内経済循環の構造が変化している実情は明らかだろう。

　さらに，商店街が主催するイベント（祭りや観光客誘致など）について，4段階（とても望ましい，やや望ましい，やや望ましくない，望ましくない）で質問したところ，およそ70％の店舗が望ましいと考えていることから，これまで行われてきた祭りやイベントを中心とした観光まちづくりにはおおむね賛同しているものと考えられる。

　今後の取り組みについては，商業区に関しては人通りや来客数などのにぎわい創出を重要と考える店舗が多いが，個店ベースでみた場合，売り上げや新規顧客の獲得を重視する傾向がある。

　その他，地域通貨の認知度について聞いてみたところ，およそ45％の自営業者が知っていると回答した。また，小樽市内で地域通貨が導入された場合，店で利用したいと思うかについて質問したところ，およそ30％の自営業者が利用したいと回答した。現状では，地域住民にはある程度地域通貨が認知されているものの，自営業者にはその存在が十分に知られていないことが考えられ，自営業者に対して地域通貨を本格的に導入するには，さらなる説明の機会が必要となる。このことを裏づけるデータとして，地域通貨の認知度（知っている，知らない）に応じて，一般的な地域通貨の特徴にどのような印象を持つか聞いたところ，地域通貨を知っている人は，利用範囲が地域に限定されている点，利子が付かない点，有効期限がある点，原則として現金に交換できない点，地

域内で何度でも繰り返し利用できる点，において良い印象を持っていることが分かった。

地域住民，NPO・ボランティア団体，商店街の構成員である自営業者，という3つの主体を対象としたアンケートの分析結果をまとめると，自営業者の商業区あるいは経営状況に対する不満，あるいは地域住民の雇用機会や所得・収入など経済的な側面に対する不満があるものの，小樽市の生活について，全般的には，やや満足度の高い結果となっている。しかしながら，草郷（2006）が指摘しているように，主観的な評価であるため，実際の生活そのものが不自由なく暮らしているとは一概には言えないことには注意する必要がある。

最後に，これらの現状分析を踏まえて，次のような将来像とそこに向けた課題を抽出してみたい。まず将来像として考えられるのが「観光客と市民との交流を通じた観光まちづくり」である（図4-2）。歴史的背景や現状分析からも明らかなように，小樽は歴史文化と観光を中心としたまちづくりを進めており，運河論争を契機にその土台を形成してきた。その結果，他地域と比べても年間をとおして祭りやイベントの数や種類が豊富であり，域外から訪れる観光客も多い。さらには，地域経済を牽引する産業として，飲食業や宿泊業をはじめとする観光産業（主に第三次産業が）を中心とした経済を形成している。「オールおたる」でまちの資源を活用し，交流を促進することで魅力の発見・発信・向上につなげることが持続的な地域経済の発展にもつながると考えられる。

一方，そこで暮らす市民の生活を支える経済に対する不安感が募っており，その解決に向けた取り組みが求められる。そこで課題となるのが，域内経済循環の形成と観光客や地域住民との間のネットワーク構築である。縮小する地域

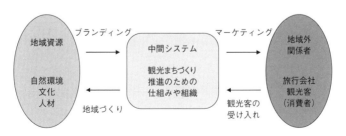

図4-2　観光まちづくりのイメージ図
（出所：敷田ほか（2009）42頁より筆者作成）

経済を回復するための手段として，域外への漏れを防ぐとともに域内で資金循環を促すしくみを構築することが急務である。さらには，域内だけでなく域外から訪れる人々とのつながりをつくることで，まちの魅力に気づき，それをよりいっそう向上させ，外部発信することが可能になる。

その際，例えば地域通貨のように，通貨のような経済的な側面だけでなく，言語のような社会・文化的な側面を持ち合わせたコミュニケーションツールを活用することによって，経済と社会の領域の間にある隙間を埋めていくことが解決のヒントになるのではないだろうか。西部は，社会学者ニクラス・ルーマンの言葉を援用して，地域通貨を「統合型コミュニケーション・メディア」と読んでいる（西部編著 2013）。その真意は，地域通貨が貨幣と言語の二つの側面を必ず合わせ持ち，経済的な領域だけでなく，社会・文化的な領域でも機能を果たすからである。それに加えて，電子的な媒体を使うことでそれらのコミュニケーションがより簡便かつ円滑に行われるのではないかと考えられる。そこで，電子地域通貨の社会実験を通じて，その可能性を検証し，課題と展望を明らかにする。

3 流通実験の概要

● 3.1 地域通貨 TARCA とは何か

本プロジェクトの目的は，ICT と地域通貨を活用した地域活性化であり，具体的には電子地域通貨を用いた価値の交換や情報発信を通して，ボランティア活動と域内経済循環の促進を同時に達成することを狙いとする。電子地域通貨の名称は，「TARCA」で，1TARCA＝1円相当とした。「TARCA（たるか）」という名称は「小樽のまちで使える通貨」を略して名づけられた。名称の中に地域のシンボル的な要素やメッセージ性は込められていないものの，シンプルで分かりやすく，市民が親しみを持ちやすい名称である。地域通貨の発行と運営・管理は，地域通貨 TARCA 運営委員会（以下，運営委員会）が主体となって実施した。運営委員会は，ICT と地域通貨を活用することによって，小樽市内の地域・ボランティア活動，商業・観光などに関する情報収集・発信と地域通貨の発行・流通を同時に行うことで，域内のネットワークを構築し地域活性

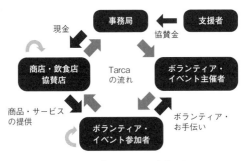

図 4-3　地域通貨 TARCA の流通スキーム

化を図ることを目的として設立された任意団体である。

今回の流通実験では，小樽市内でボランティア活動やまちづくりに関わる大学生を対象として，参加・貢献の御礼として地域通貨 TARCA を配布し，受け取った人々が地元の飲食店で地域通貨を利用することができるようにした（図 4-3）。例えば，毎週土曜日の朝 5 時 30 分から小樽運河の清掃活動を行うグループ「小樽運河クリーンプロジェクト」の参加者に御礼として 400TARCA を配布した。そのほかにも，小樽市内の様々なイベントの参加・協力者にも地域通貨を配布した。また，ボランティア情報や参加募集，地域通貨を利用できるお店情報の収集および発信は，すべてソーシャル・ネットワーキング・サービス（Social Networking Service: SNS）の 1 つである Facebook を活用して行われた。

● 3.2　地域通貨 TARCA のシステム概要

地域通貨 TARCA は，オンライン口座型システムを採用している。スマートフォンあるいはタブレットを用いた電子的な地域通貨決済システム「スマホ de 地域通貨」アプリを利用して取引ができる。TARCA はボランティア活動の御礼として配布され，特定事業者や個人間を流通し，最終的に換金される。TARCA の流通における最大の特徴は，電子的な決済システムを採用している点にある。現在でこそ，キャッシュレス経済などという言葉で代表されるように，日本国内における電子決済が盛んになったが，当時としては先行モデルであり，本実験ではスマートフォンやタブレット端末を利用して，地域通貨の決済を行うことができるしくみを導入した。

このアプリは，メイン画面が図4-4のようになっており，ログイン画面からIDとPasswordを入力することで，これが表示される。このシステムでは，4つの機能（①チャージ，②個人間の取引，③店舗での取引，④利用履歴の表示）が備わっている。地域通貨をチャージする際は，「入れ樽」をタッチし，チャージカードに書かれているコードを入力し，確認をクリックするとカードに記載された額面の地域通貨がチャージされる（図4-5①）。ボランティア活動の御礼など個人間の取引を行う際は，「送っ樽」をタッチし，相手のニックネーム，配布金額，ショートメッセージを入力し，最後にPasswordを入力すると決済を行うことができる（図4-5②）。さらに，店舗で地域通貨を利用する場合は，「使っ樽」をタッチし，リストから利用店舗を選択し，利用金額とショートメッセージを入力し，最後にPasswordを入力すると決済を行うことができる（図4-5③）。また，「見せ樽」をタッチすると，通帳の取引履歴と同じように，自らの地域通貨の利用履歴を確認することができる（図4-5④）。

このシステムの狙いは，これまでの決済システムよりも，より一層手軽に，そして取引した人たちが情報収集や発信を通じて，相互に交流することができることにある。したがって，金融機関のATM（現金自動預け払い機）のような手軽さと，SNSのような情報の収集・発信と交流のしやすさとを兼ね備えた

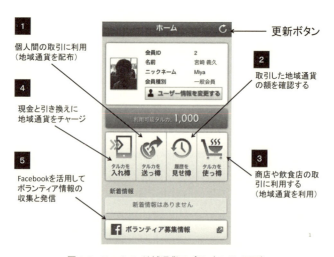

図4-4　スマホde地域通貨アプリ（メイン画面）

4　北海道小樽市における電子地域通貨の社会実験　97

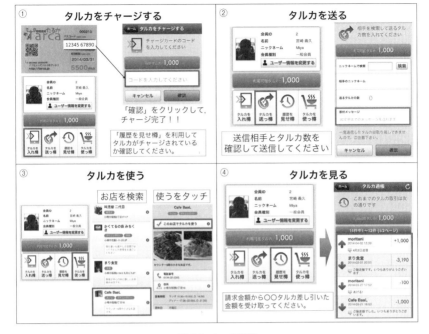

図 4-5　4 つの機能
（①チャージ，②個人間の取引，③店舗での取引，④利用履歴の表示）

ツールと言える。現在では，フィンテックやキャッシュレス経済の後押しもあり，急速に同様の決済システムがいくつも登場したが，当時としては画期的であった。

● 3.3　地域通貨 TARCA ができること・期待される効果

　地域通貨 TARCA は，地元の IT 事業者によって開発された独自の電子地域通貨システムである。従来の地域通貨とは異なり，新たな機能を備えるとともに，コミュニティに対して様々な効果をもたらすことが想定されていた。本項では，地域通貨 TARCA の特徴と期待される効果について述べる。はじめに 3 つの特徴について説明する。
　第一に，本システムでは，地域通貨（≒地域商品券，ポイント事業）の電子決済を簡便に行うことができる。従来の地域通貨の多くは，紙幣・硬貨方式も

しくは口座・通帳方式などの発行形式を採用しており，電子媒体を採用した地域通貨はほとんど見られなかった。技術的な発展もさることながら，デジタルデバイスがあまり普及していないことや日本人がキャッシュレスに不慣れなことも起因している。しかしながら，スマートフォンの普及・発展と電子決済の萌芽・隆盛を考えたとき，地域通貨と電子的な決済方式を組み合わせることによって，例えば，決済が容易になり消費が促進されるのではないか，といった利用者の意識や行動の変化がもたらされるという期待があった。

　第二に，店舗情報を登録することによって，無料で宣伝・広告を行うことができる。本来であれば，広報活動のような情報発信には予算をかけて，様々な媒体を使った戦略を実施する必要がある。しかしながら，小樽市内の店舗でのヒアリングからも明らかだが，店舗経営の状況を考えたとき，小規模な個人経営を行っているところは広報活動に支出できる予算は限られており，可能な限り経費の削減を図りたい，だが店舗のことをもっと知ってもらいたい，という声が多く聞かれた。そこで，利用者である市民や観光客と地元店舗とのニーズをマッチングさせるための工夫として，情報収集・発信の機能を備えることになった。店舗情報としては，お店情報，電話番号，地図，さらには営業時間や定休日などの情報を加えることによって，利用者を店舗に誘導させる工夫を施した。

　第三に，地域通貨を個人に「送る」もしくは店舗で「使う」際に，相手にメッセージを送信することができる。通常は，交換手段（または支払い手段）としての現金と引き替えに商品やサービスを提供することで，取引が成立するのが一般的である。しかしながら，取引そのものが人と人あるいは店舗とをつなぐコミュニケーションの一部であり，そこでは，新たな交流に発展する可能性を秘めている。そのような取引を商品・サービスの交換のみで完結させるのではなく，プラスアルファで交流を促進するための工夫として，メッセージ機能を付与した。

　これらの3つの特徴を備えることで，最終的に期待される効果として，一つはホームページやSNSを活用することで，市内の魅力ある店舗，イベントやボランティア活動を始めとした地域情報の収集・発信が促進されることがあげられる。結果として，観光動線の多様化と集客効果につながることが期待されて

いる。さらには，市民の活動が活発化し，外部からも人を呼び込むことができると，域内での取引が活発化し，価値交換が促されることによって，域内外での人と人とのつながりや，市内の魅力的な店舗や商品の再発見および取引を強化することがあげられる。このような取り組みを通じて，域内経済循環の形成と促進が可能となる。以上のことを踏まえて，ICTと地域通貨を活用し，小樽市内の賑わいを創出することによって，最終的には「観光客と市民との交流を通じた観光まちづくり」を達成することを目指し，電子地域通貨を用いた社会実験が実施された。

4 流通実験の結果

本流通実験では，いくつかのステージに分けて，期間を区切り実験を繰り返してきたが，なかでも最初の実験はおよそ3ヶ月に及んでおり，表4-7の結果が得られた。

実験の主な参加者は，小樽商科大学の大学生を中心におよそ117人であり，市内のボランティア活動やイベント補助などの御礼として地域通貨を配布した。利用者の多くは，貯まった地域通貨を利用して，市内の飲食店でご飯を食べるために利用することが多く，個人間の取引はほとんど観察されなかった。さらに，飲食店が入手した地域通貨を使って，新規の仕入れやボランティア募集・御礼などに利用することはなく，最終的には実験後に換金するという流れとなった。流通の推移を見てみると，図4-6のような結果であった。

表4-7 第一次流通実験の結果

1. 期間	2012年11月30日〜2013年2月28日（91日間）
2. 参加者	117人
3. 協賛店	22店舗
4. 総発行量	355,300 TARCA（一人あたりおよそ3,000 TARCA）
5. 総取引量	798,470 TARCA
6. 換金量	315,020 TARCA（換金率：88.4%）
7. 流通速度	およそ9.0（回／年） ※計算方法：（総取引量÷総発行量）÷0.2493（年換算）

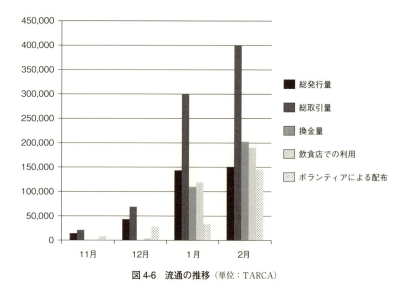

図4-6 流通の推移（単位：TARCA）

　これらの結果に加えて，地域通貨の流通速度と流通経路について分析を行った。流通速度とは，一定期間の間に，貨幣（あるいは地域通貨）が人から人へ何回渡ったかを回数で計算したものであり，小樽市の実験ではおよそ9.0という値を示した。表4-8からも明らかなように，他の地域よりも高い値を示しており，ある程度波及効果が得られたと考えられる。さらに流通経路をみてみると，ボランティア・イベント参加者が御礼として地域通貨を受け取り，それを地元の商店・飲食店で利用するという流れがおよそ7割，そのほか個人間でのやり取りが3割弱程度見られた（図4-7）。

　また，運営委員会では，小樽市内の様々なイベントにおいて，地域通貨TARCAが利用できるようになるとともに，地域通貨TARCAを通じた新たなネットワークの構築がみられた。例えば，夜に市内の飲食店をはしごして魅力を発見する月あかりのお店めぐりイベント，市内の地元情報誌「たるぽん」の配布ボランティアをはじめ，地元の祭りやイベントとコラボすることを通して，まちの人々とのつながりを実感することができた。今回の流通実験全体を通して，参加人数はおよそ600人，参加店舗は60店舗，地域通貨の関連したイベントはおよそ10程度となっている。地域通貨と連動した様々なイベントに

4 北海道小樽市における電子地域通貨の社会実験

表4-8 地域通貨の発行・換金額および流通速度

地域通貨名	地域通貨「P」		地域通貨「げんき」	地域通貨「アクア」
場所	北海道苫前町		大阪府寝屋川市	山梨県韮崎／北杜市
期間	91日（1次）	173日（2次）	153日	181日
総発行量	1,096,000	1,485,000	不明	854,175
総取引量	1,385,500	2,458,500	381,300	1,210,650
換金量	1,096,000	1,483,500	137,000	751,275
流通速度	5.0708	3.4948	6.6397	2.85816

（出所：西部編著ほか著（2005；2006），山﨑（2008），西部編著（2018）をもとに筆者作成）

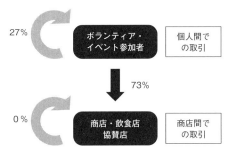

図4-7 地域通貨 TARCA の流通経路

関わることによって，運営委員会をはじめとする人々のネットワークが徐々に形成され，新たな関係性の構築に一役買うことができた。

このような結果になった理由は，以下の点に集約される。まず，電子地域通貨を導入するにあたり，ターゲット層，コンセプト，目標設定が曖昧であったことがあげられる。これは必ずしも電子地域通貨に限ったことではないが，そもそもなぜ地域通貨を導入するのか，地域通貨を利用することで誰のどんな課題を解決するのか，地域通貨を電子化することでどのような効果を期待しているのか，といった点をメンバー間で共有できなかったことが一因である。今回の実験では，運営側が想定していた市民や観光客が利用することはほとんどなく，ボランティア活動などに参加できる大学生が中心となった。今後は，実験の趣旨を明確にするとともに，こちらが意図した被験者が参加できる体制を整え，利用者に対する十分な説明を心がけなければならない。

次に，電子地域通貨システムの普及・啓蒙などの活動や情報発信が弱かったことがあげられる。今回，新たに開発したシステムを利用するには，いくつかの手続き（アプリのダウンロード・会員登録など）を踏む必要があった。さらに，こちらが想定したよりもスマートフォン等の普及率が低く，急きょ決済のために必要な端末を準備しなければならなかった。その結果，それらの整備と周知に時間を要し，利用者やTARCAを利用できる協賛店を増やすことが難しかった。地域通貨を入手した利用者の多くは「使い方がよく分からない」あるいは「利用したい店舗がみつからない」などの理由から，有効期限の直前までそのまま保有し，最終的に使い勝手の良い場所で利用することになった。このことは，図6における流通の推移からも明らかである。

また，地域通貨あるいは電子決済などになじみのない人たちに対するサポートが不十分であったことも利用者の拡大につなげられなかった要因である。ひとりひとりに対して，丁寧に地域通貨の目的や意義，さらに電子地域通貨TARCAの使い方を説明するにはかなりの時間を要するし，利用者に理解してもらうことも難しい。まずは，紙券や通帳形式といったなじみのあるタイプから利用をはじめ，段階的に電子化へ移行することが望ましい。あるいは，地域通貨を活用したゲーム体験，学校や子ども向けのイベントで金融教育のツールとして活用することで，興味・関心を持つ人々を増やしていくことも一つの戦略として考えられるだろう。

最後に，ボランティア活動に対する考え方の違いが地域通貨の流通に影響を及ぼした可能性がある。地域通貨TARCAは主としてボランティア活動の御礼として支払われたことから，入手できる人の多くが大学生に限定された。本来は無償の活動であるが，それに対して対価として地域通貨が渡されたことで，それに慣れていない人々は使い勝手に悩み，結果として地域通貨の積極的な利用には結びつかなかった。この点はいくつかの研究からも明らかだが，ボランティア活動の対価として，地域通貨を受け取るか受け取らないかは，人々の有償志向（報酬を受け取ることに抵抗がない）と無償志向（報酬を受け取ることに抵抗がある）とも関係している（Kurita et al. 2015 ほか）。今後は，流通実験の結果を踏まえて，電子地域通貨システムのさらなる改良を進めると同時に，地域通貨を利用する人々の意識や行動の変容を観察・検証そして促進するしく

みを検討しなければならないだろう。

5 さらなる課題と今後の展望

　本節では，流通実験の結果を踏まえて，さらなる課題と今後の展望について考察する。まず，社会実験による電子地域通貨システムの効果検証を進めていくうえでの課題について述べる。現状では，対象となるフィールドと電子地域通貨システムの開発環境が整えば，今回のような社会実験による効果検証を行うことは可能である。しかしながら，社会実験を行う際に気をつけるべき点がいくつかあげられる。

　一つは電子地域通貨システムをめぐる制度設計の問題である。本実験では，従来型の地域通貨とは異なる発行方式を採用することで，利用者の意識や行動にどのような変化がみられ，地域経済やコミュニティの活性化にどのように寄与するかという点を明らかにしようと考えていた。そこで，地域通貨を電子化するにあたって，様々な事業者が協働して，機能やしくみについて話合い，改善を行う環境を整えようと努力した。その結果，電子地域通貨 TARCA は実証実験を踏まえて，段階的に利用者の意見を反映させ，ある程度システムの仕様を変更することができた[13]。ただし，電子化することによって，プレミアム率や換金手数料など様々なパラメーター（媒介変数）の設定が可能となったが，それにともなう手間やコストがかかり，容易に行うことが難しいことも分かった。システム面における制度設計の柔軟性は発行形式ごとに異なることから，地域ごとの特性に併せて導入を検討することが望ましい。

　さらなる課題として，システムにかかる費用があげられる。これまで非電子媒体の地域通貨を発行・運用する地域における課題は，地域通貨を管理するためにかかる費用であった。地域通貨を電子化することによって，その費用が大

---

[13] 最も大きな仕様の変更は，地域通貨のチャージ機能を搭載した点にある。第一次流通実験の中で出てきた声として大きかったのは地域通貨を入手できる機会が少ないという指摘であった。そこで，iTunes カードのように，個人で地域通貨をスマートフォンにチャージできるようなしくみを取り入れることで，地域通貨を配布する機会を増やすことができた。

幅に削減されることを見込んでいたが，実際にはそうならなかった。システムの開発にかかる初期費用は見込んでいたが，その後にシステムを動かす際のランニングコスト，さらにはメンテナンスの費用については想定しておらず，見積りの甘さが露呈した。さらに，当時は現在に比べてスマートフォンが普及しておらず，利用者の電子決済に対する抵抗感が強い状況であった。そこで，実験段階では，タブレットなどの端末をレンタルする形で対応したが，それがさらに費用や負担を増やすかたちになってしまった。電子地域通貨の実験および本格的な流通を進めて行くうえで，導入による費用対効果をきちんと見極めることも大事である。

その他，資金決済法や仮想通貨法をはじめとする電子地域通貨をめぐる法整備が十分に整えられていないこと，個人情報の取り扱いとセキュリティの問題，さらに地域通貨を発行・運用するにあたっての組織づくりと運営のマネジメントをどうするかという点も課題として残されている。このあたりは，電子地域通貨の限界と言えるかもしれないが，行政や市民のみが長期的に電子地域通貨を発行・運用することは人手や経済面においてもとても困難であり，金融機関や民間事業者の力を借りる必要が出てくるだろう。

ここまでみてきたように，電子地域通貨システムの本格的な導入には多くの課題が残されているが，今回の実験の成果は，これまでの電子地域通貨ではほとんど導入されていない店舗からの情報発信やメッセージのやりとりが可能となり，電子決済によるメリットを活かした独自のコミュニケーション機能を追加したことにある。必ずしもコミュニケーションの促進にはつながらないかもしれないが，交流の機会を新たに生み出すことで，多様な選択肢を用意することができた点は評価に値する。さらに，本章ではほとんど言及しなかったが，流通データの履歴を容易に追跡することができ，参加者の行動を可視化することで，つながりの強さ・弱さを把握し，問題解決のアプローチとして役立てることができる。今後は，このような電子化にともなうメリットを活かした実践を展開していくことが望まれる。

次に，電子地域通貨を活用することで地域経済やコミュニティの活性化を図るうえでの課題について述べる。今回の実験で最大の課題は，域内における持続的な循環を誰がどのように促すのか，あるいは自律的なスキームを構築する

のか，という点にある．本実験では，各店舗が貯まった地域通貨を最終的に換金することができたことから，結果として域外流出を免れることはできなかった．その間の域内の流通に関しても，ボランティア参加者への配布と店舗利用という一方通行にとどまり，域内循環を促進させる働きはほとんどみられなかった．この場合，域内で循環を促すための何らかの仕掛けが必要となり，それ自体は地域通貨の制度設計だけでは不十分である．また，本実験では，地域通貨の発行時にプレミアムを付けたり，価値を減価させるしくみは取り入れておらず，換金の際に手数料もかからないことから，店舗および利用者が実験に参加するインセンティブが曖昧であったと考えられる．この点は地域通貨だけでなく，地域通貨を活用した域内循環スキームを構築することが可能であり，そのためには参加者の間で地域経済やコミュニティの現状および将来像を共有し，課題と解決策について一緒に話し合う必要がある．

6 むすびにかえて

本章では，北海道小樽市で行われた電子地域通貨の社会実験に関する成果と今後の展望をまとめた．ここまでみてきたように，地域通貨の電子化には様々な課題が山積しており，現状では地域通貨の導入による地域経済やコミュニティの活性化を効果検証するまでには至っていない．さらには，今回の実験結果から，「地域通貨を電子化することによって，これまで非電子媒体の地域通貨が抱えていた課題を克服することができるか否か」という問いについても十分な検証を行うことができなかった．そもそも地域通貨の社会実験をデザインすることそのものが非常に困難であり，これまでの研究においても試行錯誤を続けながら効果検証が行われているのが実情である．今後は，電子地域通貨の社会実験における「妥当性」，「信頼性」，「実現可能性」にも注意を払って実験および調査研究を進めなければならない．

近年，日本におけるキャッシュレス経済の浸透にともない，将来的に人々がデジタル通貨を積極的に利用する時代が来ることは間違いないだろう．ICTが持つ利便性や情報発信力などを活用することで，地域課題の解決や生活の質向上に役立て，新たな利用方法や効果を生み出す可能性も高まっている．すで

に,小樽市のみならず,他の地域でも様々な創意工夫が行われており,域内経済循環を促進することが地域経済の持続的な発展において急務である。とりわけ,域内を循環する資金の多様な選択肢を用意することが求められるだろう。そのためには,必ずしも地域通貨だけにとらわれず,企業通貨,ふるさと納税,クラウドファンディング,仮想通貨など,域内の漏れを防ぎ,資金循環を促すしくみを考えていくことが求められる。

さらに今後は,これらの域内経済循環を構築あるいは促進させるような取り組みが地域の課題解決に資するものかどうかをきちんと検証していく必要がある。このことを実現するには,研究者（観察者）が地域経済の構造や地域住民の意識や行動の変容をきちんと調査し,定期的な診断と現地へのフィードバックを実践することが必要である。

【謝辞】

本研究の成果は,小樽商科大学地域研究会のプロジェクト助成（H.24, H.25）と地〈知〉の拠点整備事業（大学COC事業）のプロジェクト助成（H.26）による成果である。このプロジェクトに関連して,地域通貨TARCA運営委員会のメンバーをはじめ,大勢の皆様にご協力をいただいた。この場をお借りして感謝の意を表したい。

引用・参考文献
[欧文文献]
Kichiji, N. and Nishibe, M. (2008) 'Network Analyses of the Circulation Flow of Community Currency,' *Evolutionary and Institutional Economics Review, the Japan Association for Evolutionary Economics*, 4 (2), : 267-300.
Kurita, K., Miyazaki, Y. and Nishibe, M. (2012) 'CC Coupon Circulation and Shopkeepers' Behaviour: A Case Study of the city of Musashino, Tokyo, Japan', *International Journal of Community Currency Research*, 16 (D), : 136-145.
Kurita, K., Yoshida, M. and Miyazaki, Y. (2015) 'What kinds of volunteer become more motivated by community currency? Influence of perceptions of reward on motivation' *International Journal of Community Currency Research*, 19 (Summer), : 53-61.
Kobayashi, S., Miyazaki, Y. and Yoshida, M. (2017) "Historical transition of community currencies in Japan", paper presented at the 4th International Conference on

Social and Complementary Currencies, Barcelona,, https://www.researchgate.net/publication/316882220_Historical_transition_of_community_currencies_in_Japan（2018年9月15日確認）.

Miyazaki, Y. and Kurita, K.（2018）'The diversity and evolutionary process of modern community currencies in Japan' *International Journal of Community Currency Research*, 22（Winter）,: 120-131.

[邦文文献]

泉留維・中里裕美（2017）「日本における地域通貨の実態について：2016年稼動調査から見えてきたもの」『専修経済学論集』第52巻，第2号,: 39-53。

上杉志郎（2003）「電子地域通貨について」『オフィス・オートメーション』vol.24, no.2,: 29-34。

枝廣淳子（2018）『地元経済を創りなおす─分析・診断・対策』岩波新書。

岡田知弘（2005）『地域づくりの経済学入門─地域内再投資力論』自治体研究社。

吉地望・栗田健一・丹ППа聡・西部忠（2007）「地域通貨を通じた社会関係資本形成への多面的接近」『経済社会学会年報』第29巻,: 207-222。

草郷孝好（2006）「苫前町地域通貨の社会変容調査の進化経済における意味」『進化経済学論集』第10集。

栗田健一（2010）『地域通貨プロジェクトの効果と課題─学際的アプローチに基づく地域コミュニティ活性化の評価と考察─』北海道大学，博士学位取得論文（未公刊）。

湖中真哉（2005）「地域通貨はなぜ使われないか─静岡県清水駅銀座商店街の事例─」『国際関係・比較文化研究』第3巻，第2号,: 225-250。

敷田麻実，内田純一，森重昌之編著（2009）『観光の地域ブランディング─交流によるまちづくりのしくみ』学芸出版社。

高橋佑輔，小林重人，橋本敬（2012）「中山間地域における地域通貨流通メカニズムに関するエージェントベースシミュレーション」『情報処理学会研究報告．MPS，数理モデル化と問題解決研究報告』第26巻,: 1-6。

中村良平（2014）『まちづくり構造改革─地域経済構造をデザインする─』日本加除出版株式会社。

西部忠編著，草郷孝好，穂積一平，吉地望，吉田昌幸，栗田健一，山本堅一，吉井哲著（2005）『苫前町地域通貨流通実験に関する報告書』北海道商工会連合会。

西部忠編著，草郷孝好，穂積一平，吉地望，吉田昌幸，栗田健一，山本堅一，吉井哲著（2006）『苫前町地域通貨流通実験報告書』苫前町商工会。

西部忠編著（2013）『地域通貨〈福祉＋α〉』ミネルヴァ書房。

西部忠編著（2018）『地域通貨によるコミュニティ・ドック』専修大学出版会。

西部忠，三上真寛（2012）「電子地域通貨のメディア・デザインとコミュニティ・ドックへの活用可能性─ゲーミング・シミュレーションによる検討─」『進化経済学論集』第16集,: 782-798。

北海道・小樽市・小樽商工会議所・小樽商店街協会（1971）『小樽市広域商業診断報告書』安藤青写真工芸社。

三上真寛，西部忠 (2013)「電子地域通貨を用いたゲーミング・シミュレーション―自己対コミュニティの行動分析を中心として―」『進化経済学論集』第17集,：1-29。
宮﨑義久・江頭進 (2013)「地域通貨を活用した社会実験のデザインとその課題―小樽市の取り組みを通じて―」『進化経済学論集』no.17,：1-14。
宮﨑義久 (2016)「電子地域通貨を活用した地域活性化の可能性と課題：北海道小樽市の事例から」地域活性学会研究大会論文集,：292-294。
山﨑茂 (2013)『地域再生の手段としての地域通貨―「エコマネー」の可能性と限界に注目して―』OMUP ブックレット No.39,「地域活性化」シリーズ 3,大阪公立大学共同出版会。
吉田昌幸 (2012)「学習ツールとしての地域通貨ゲームの設計とその実施結果の考察」『経済学研究』〔北海道大学〕第62巻,第1号,：69-87。
吉田昌幸・小林重人 (2016)「地域通貨の発行形態に応じた利用者の意識・行動分析：ゲーミング・シミュレーションを用いた検討」『経済社会学会年報』〔現代書館〕第38巻,：144-160。
和久田昌裕,出口敦 (2004)「流通実験を通じてみた地域通貨の有効性と課題に関する考察―箱崎地区におけるケーススタディ―」『都市・建築学研究：九州大学大学院人間環境学研究院紀要』第5号,：41-47。

5 北海道社会における地域防災

1 はじめに

　現代社会の経済活動において，道路・鉄道・上下水道・電力送電網・情報通信網といった社会基盤は必要不可欠である。近年，これらの社会基盤にダメージを与える地震・津波・台風などによる自然災害が頻発しており，防災・減災体制のあり方は，大都市・地方都市にかかわらず，社会的課題となっている。本章では，北海道の地域防災における課題の1つとして，津波防災に着目し，釧路市橋北地区を事例とした津波避難について考察する。

2 北海道における津波防災

● 2.1 北海道における自然災害の特殊性

　北海道は日本国土の北端に位置し，本州とは津軽海峡によって隔てられ，西側は日本海，北東側はオホーツク海，南東側は太平洋の3海域に囲まれている。また，寒冷な気候のため，災害対応においては本州にない特殊性を持っている。

　北海道の積雪期において，屋根に大量の雪が積もる地域で大きな地震が発生すれば，夏期に比較し，家屋倒壊の危険性が高まるであろう。また，オホーツク海側において冬期の流氷接岸時に大津波が発生すれば，津波による破壊力が大きくなることが予想される。

　積雪期における住民の避難行動においても，夏期とは違った道路環境であり，歩道は圧雪等で凍結している状況で，歩きにくく，避難に時間を要する可能性が高い。また，夏期であれば屋外で避難生活を送ることも考えられるが，積雪期においては，屋内での避難生活が必須であり，暖房のための設備整備や燃料

備蓄が重要となる。

以上のように，北海道における自然災害対応を考える際には，積雪寒冷期を考慮した十分な防災・減災体制を整える必要がある。

● 2.2 北海道太平洋沿岸における津波被害想定

北海道地域防災計画（地震・津波防災計画編）（北海道防災会議 2018）によれば，北海道太平洋沿岸の根室地域から十勝地域において，過去約 6,500 年間に 10 数回の巨大津波が発生したことが確認されている。この巨大津波による堆積物に対応した地震（以下，500 年間隔地震と呼ぶ）についての地震動は明らかではないが，この地震は根室半島から十勝沖において繰り返し発生したプレート間地震と考えられている。直近では 17 世紀初めに発生したと考えられ，現在，既に約 400 年経過していることから，ある程度切迫性があるものと考えられる。

500 年間隔地震以外にも北海道太平洋沿岸に被害をもたらす地震津波が想定されており，根室沖・釧路沖の地震や十勝沖・釧路沖の地震の規模は，いずれもマグニチュード 8 を超える想定となっている。

仮に，この 500 年間隔地震とそれに伴う巨大津波が発生すれば，北海道太平洋沿岸の各市町村では甚大な被害が発生するであろう。北海道地域防災計画の被害想定結果では，人的被害は，避難意識が低い場合で，かつ構造物の効果がない場合には，全体で 650 〜 900 人の死者が発生すると予測されている。特に釧路市や根室市では 100 人を超える死者が発生する場合もあるとされている。また，避難意識が高い場合には，死者数は 10 分の 1 程度に減少するとされている。建物被害は，全体で 2,400 〜 4,500 棟弱の全壊が発生し，釧路市，浜中町などで被害が大きくなるものと想定されている。

● 2.3 北海道における津波防災対策

2011 年 3 月 11 日に発生した東北地方太平洋沖地震は，北海道から関東に至る太平洋沿岸地域に甚大な被害をもたらした。この大地震に伴う津波災害を契機に，海岸線を有する地方自治体では，津波発生時において安全に避難できる津波避難ビル等の緊急津波避難施設に関する再検討が行われている（内閣府

2017)．

　津波から命を守るためには，いち早く海岸から離れるよう行動を開始し，高台や緊急避難場所等へ向かうことが肝要である．この津波避難行動を一定の精度を持って予測できれば，適切な避難ルートの整備や避難施設の確保に繋げることが可能となろう．しかし，実際の避難行動は個々人の行動特性が異なることなどから，避難開始のタイミングひとつをとっても一様ではなく，地域全体の避難状況を予測するのは難しい．

　北海道が定めた海溝型地震防災対策推進計画では，道が津波避難計画策定指針を示し，各市町村では，この指針を参考に，これまで個別に進めてきた津波対策を点検し，必要であれば，津波避難計画の見直しや地域防災計画津波対策編などの策定に取り組むこととなっている．

　また，高齢者等の避難行動要支援者への津波防災対策として，要支援者を速やかに避難誘導するため，地域住民・自主防災組織・福祉事業者等の協力を得ながら，平常時より情報伝達体制の整備・避難行動要支援者に関する情報の把握・共有を進めること，また，避難行動要支援者ごとの具体的な避難支援計画（個別プラン）の策定を行うことなど，避難誘導体制の整備に努めるとしている（北海道防災会議　2018）．

　以上のように，津波防災対策は，北海道に限らず，津波避難タワーや防潮堤といったハード面の整備，および，適切な避難行動の定着を図るための津波避難訓練といったソフト面の両方を確実に実施していくことが重要である．

● 2.4　地域防災力の向上に関する取り組み

　北海道では，地域防災力の向上を目指して，防災教育に積極的に取り組んでいる．具体的には，道は，2013 年に「ほっかいどうの防災教育検討委員会」を設置し，その中で，防災教育推進の方向性として，2 つの理念を示している．1 つは，「横をつなぐ（連携協働の広がり）」として，「関係機関とともに，情報や知恵を結集し，日頃から連携協働を広め強めていくことにより，災害に強い地域社会をめざす防災教育の大きな潮流をつくります」としている．もう 1 つは，「時代をつなぐ（世代間の継承）」として，「次の世代の命を守るために，培われた豊富な経験や知恵を確実に伝え，一人ひとりが災害に正しく向き合い行動で

きるように，継続的な防災教育に取り組みます」としている（ほっかいどう防災教育検討委員会 2014）。

このような防災教育に関する取り組みは，災害対策基本法の改正を背景に全国で行われており，社会の幅広い組織に防災教育が浸透することで，自助・共助・公助が連携する社会の実現を目指している。

3 釧路市における津波防災

本節では，釧路市内の津波避難ビルの1つを事例に，津波発生時おける住民の避難行動分析を考察する。避難行動のような複雑な現象の分析には，行動する個人をコンピュータ上の1つのエージェントとして捉え，このエージェントに行動ルールを与えることで，複数のエージェントの動きから全体の現象をシミュレートする手法が有効である（大畑ほか 2007）。

津波発生時の避難行動シミュレーションに関する研究は，これまで多くの分析事例がある（例えば，熊谷 2014）。これらの津波避難シミュレーションでは，地域全体からみた避難場所の配置や数などに着目している場合が多いとの指摘があり（桑沢ほか 2015），津波避難施設を対象とした既往研究は少ない。また，避難施設を対象としたコンピュータ・シミュレーションでも，数百人規模の避難タワーを対象とした先行研究（畑山ほか 2014）があるが，収容想定1,000人程度の避難ビルを対象としたシミュレーションは見当たらない。

そこで，本稿では北海道釧路市橋北地区に建築された津波避難ビルをモデル化し，仮に，同地区内を起点として，徒歩にてこの避難ビルへ向かい，階段を上って最上階へ避難する行動をコンピュータ・シミュレーションにより分析することを試みる（深田ほか 2016，深田・橋本 2017）。

● 3.1 津波避難ビルの役割

2011年3月の東日本大震災を契機に，津波発生時における避難経路の再点検や津波避難所の新たな確保などといった津波避難対策の見直しが全国で行われている。この中で津波避難ビル等の避難施設についても再検討がなされている。

ここで，内閣府の津波避難ビル等に係るガイドラインによれば，津波避難ビ

ルとは「津波浸水予想地域内において，地域住民等が一時もしくは緊急避難・退避する施設（人工構造物に限る）」と定義されている（内閣府 2005）。また，このガイドラインでは，津波避難ビルの役割として「津波による被害が想定される地域の中でも，地震発生から津波到達までの時間的猶予や，地形的条件等の理由により，津波からの避難が特に困難と想定される地域に対し，やむを得ず適用される緊急的・一時的な避難施設である」と明記されている。

このことはすなわち，津波発生時においては，まず，高台に避難することが大原則であり，高台までの避難に相当の時間を要する平野部，あるいは，背後に急峻な地形が迫るような海岸地区で地震発生から津波到達までの時間的余裕が極めて少ない地域においては，津波避難ビル等により避難場所を確保することが重要ということで，津波避難ビル等の存在により地域住民等の安全を確実にするというような過信には留意が必要である。

また，同ガイドラインでは「津波避難ビル等の指定・普及の推進にあたって認識しておくべき最も重要な点は，緊急的・一時的であろうと，津波から生命を守る可能性の高い手段を，地域内に少しでも多く確保していくという姿勢である。したがって，津波避難ビル等に多くの機能を求めるあまり，指定・普及等が遅々として進まないのは，あまり好ましいとは言えない。むしろ，機能や条件は必要最低限のものを確保していれば基本的に問題ないものとして，普及面に力点を置いた推進体制が望まれる」との指摘がなされている（内閣府 2005）。

しかし，現実的は，海岸線を持つ各自治体の避難困難地域において，津波避難施設の不足や発災時の避難受け入れ体制構築が，いまだ不十分であるとの指摘がなされている（小川ほか 2015）。なお，「津波避難ビル等に係るガイドライン」は，2017年7月に発表された「津波避難ビル等に係る事例集」のとりまとめに合わせ，廃止されている。

● 3.2　津波避難ビル等の現状と課題

津波避難ビル等に関する調査としては，国土交通省が行った「津波避難ビル等に関する実態調査」（国土交通省住宅局ほか 2011）がある。この調査は，海岸を持つ610市区町村（岩手県，宮城県および福島県内を除く）を対象に行わ

れた。その調査結果によると，地方自治体が自ら地域防災計画等において位置づけている津波避難ビル等の棟数は，2011年6月30日時点で1,876棟であったが，同年10月31日時点では3,986棟で約4箇月の間に2,000棟以上の増加となっている。

同調査における自由記述欄から抽出される津波避難ビル指定の課題としては，必要棟数に対して指定数が不足するといった収容容量に関する課題や高い建築物であっても自由に出入りできる外階段のある建物が少ないといった避難ビルの構造的要件に関する課題が指摘されている。また，津波避難ビル自体の課題として，建築物の階数は2～4階建てが多く高い建築物が少ないことや耐震性が確認されていない建築物も2割弱指定されていることが明らかにされている。

一方，東日本大震災後における津波避難ビル等の現状や課題に関する調査（武田ほか 2014）によると，津波避難ビルの構造に関して，新しい基準（2011年国土交通省告示第 1318 号）が定められた。この基準では，建築物等の構造耐力上主要な部分が津波の作用に対して安全であることが確かめられた構造方法が定められている。しかし，この基準のように建築物の構造に関する見直しは進められているものの，津波避難ビルの適切な配置に関しては，具体的な指針や基準が定められておらず，対象地区に最適となる避難ビル等の配置計画の検討が課題とされている。

この津波避難ビル等の配置計画に関して，近年，コンピュータ・シミュレーション分析により新たな知見が示されている。桑沢らは，三重県南部の尾鷲市市街地を対象としたシミュレーション分析の結果として「津波避難タワー等は氾濫域外へ迅速に逃れることを優先した避難誘導によってもなお安全を確保することが困難な限られた地域や場面，そして要配慮者を対象とした対策として位置付けられるべき」とし，想定される津波浸水域内における避難場所の新たな整備の際に留意するべきと述べている（桑沢ほか 2015）。

● **3.3　津波避難行動の分析手法**

津波避難行動に関しては，これまで多くの研究が行われてきた。例えば，社会心理学分野では，住民に対する津波意識調査を基に津波避難の意思決定過程を分析した研究がある（関谷・田中 2016）。また，コンピュータの急速な発展

に伴って，人間行動や情報伝達等をモデル化した津波避難シミュレーション分析が行われてきた（例えば，片田・桑沢 2006）。さらに，東北地方太平洋沖地震発生後の津波避難行動に対して，シミュレーションの再現性を検証した研究があり，アンケート調査による実際の避難所要時間とシミュレーションの結果は概ね一致し，徒歩避難者の避難行動に対して津波避難シミュレーションが適用できることが示されている（熊谷 2014）。

　そこで，本稿では，コンピュータを用いたシミュレーションのうち，マルチ・エージェント・シミュレーションを用いる。マルチ・エージェント・シミュレーションとは，コンピュータ上の行動主体であるエージェントの行動ルールや相互作用をモデルとして記述し，そのモデルのもとでシミュレーションにより現れる現象を分析する手法である（青木ほか 2014）。また，エージェントとは「環境の状態を知覚し，行動を行うことによって，環境に対して影響を与えることのできる自律的主体」と定義されている（大内ほか 2002）。

　マルチ・エージェント・シミュレーションの目的の1つは，人間社会を構成する個人同士の相互作用の集積が，各構成要素の性質からは直接導き出せないような，大域的な社会の事象を創発するモデルを構築することである。エージェントは，内部に行動ルールを持ち，環境や他エージェントと相互作用しながら行動を決定する。エージェント同士の相互作用の集積が大域的な現象となる。また，その大域的現象は，エージェントや環境にフィードバックされる（鳥海・山本 2014）。

● 3.4　釧路市における津波避難ビルへの避難行動シミュレーション分析

（1）北海道釧路市における津波被害の概要

　これまで釧路市では，1994年10月の北海道東方沖地震など，地震と津波の被害に何度も見舞われてきた。2011年3月の東北地方太平洋沖地震では，釧路市には最大2.1mの津波が来襲し，釧路川の河口部両岸地域で浸水被害あった（仁平・橋本 2015）。

　東日本大震災後の2013年8月には新たな想定による津波避難計画が策定され，中心市街地は，ほぼ全域が津波浸水想定5m以上の範疇に入るようになった（釧路市防災危機管理課 2018）。この想定による津波の到達時間は，釧路市

中心市街地で概ね30分となっている。

釧路市は，海岸平野に市街地が形成されており，その低平地の東西両側にある高台までの避難に時間を要するため，津波避難ビル等により避難場所を確保することが必要な地域であると言える。釧路市の津波ハザードマップによると，釧路市内における津波避難ビルは，大津波警報発令時の避難先として，全部で17棟指定されている。

(2) 釧路市橋北地区における津波避難ビルの概要

本稿では，釧路市橋北地区を事例として，津波避難シミュレーションを行う。同地区はJR釧路駅の南西側に位置する（図5-1）。今回行う津波避難シミュレーションは，同地区内の釧路市寿1丁目〜4丁目を対象とし，夜間人口は合計で1,199人である（平成22年国勢調査）。

避難先は，当該地区に建設された12階建ての道営住宅「であえーる幸団地」とする。この道営住宅ビルは，海岸から約600mに位置し，鉄筋コンクリート造で，津波緊急避難施設（津波避難ビル）に指定されている。釧路市寿1丁目〜4丁目と津波避難ビル（であえーる幸）との位置関係を図5-2に示す。対象地区は当該津波避難ビルから半径1,000m以内に入っていることがわかる。また，当該津波避難ビルの収容可能人数は，約1,000人で，最上階の集会室や供用廊下を避難スペースとしている。非常用発電機は屋上に配置され，集会室等

図5-1 釧路市寿1丁目〜4丁目の位置（深田ほか 2017）

5 北海道社会における地域防災 　117

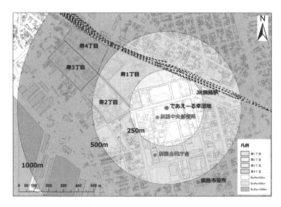

図5-2　津波避難ビルと釧路市橋北地区との位置（深田ほか 2017）

(a)であえーる幸団地（南側）　　　　　　　(b)津波避難ビルの表示看板

図5-3　釧路市橋北地区の津波避難ビル（深田・橋本 2017）

には床暖房設備が整っており，積雪寒冷期の対応に配慮がなされている。当該避難ビルの外観を図5-3に示す。

4 釧路市橋北地区における津波避難シミュレーションの概要

本津波避難シミュレーションは，北海道太平洋沿岸沖の地震に伴う津波来襲

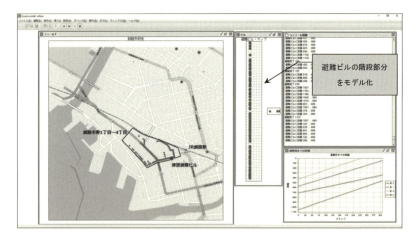

図5-4　シミュレーション実行中の画面例（深田・橋本 2017）

時において，仮に釧路市橋北地区の住民が津波避難ビル（であえーる幸団地）へ徒歩で避難するものとし，住民の避難行動開始から津波避難ビルへ到着し，さらにビルの階段を上り最上階へ到達するまでに要した時間を算出するものである。

　エージェントは1つのエージェントが住民1人に相当する。この住民エージェントの初期位置は釧路市寿1丁目〜4丁目の各中心地付近とし，その地点を中心とした円状の範囲にランダムに発生させ，津波避難ビルへ最短経路で移動する設定とした。

　避難道路のモデリングは，道路網の交差点をノード，道路をリンクとし，避難ビルの階段部分に関するモデリングは，ビルの建築階数である12階の高さを等分割した簡易なモデルとした。

　コンピュータを用いた津波避難行動シミュレーションを実行中の画面例を図5-4に示す（深田・橋本 2017）。本稿で対象とした津波避難ビルは，JR釧路駅の西側にあり，そのさらに西側に橋北地区が位置している。また，この図における左側のウィンドウが住民エージェントの行動を可視化している画面である。エージェントは赤い丸記号で示されており，画面の中央部分のウィンドウは，エージェントが階段を上る状況をイメージし，可視化したものである。

5 エージェントの定義

● 5.1 行動ルール

人間の避難行動は，心理的な要因や被災現場の状況など，様々な要因が複雑に絡み合い，一般化することが難しい。そこで本稿では，津波避難行動モデリングとしては，最も困難な状況となりえるモデルを仮定し，住民エージェントの避難開始は一斉避難として目的地である津波避難ビルへ向かうこととした。この際，津波避難ビルへの移動経路は，最短ルートを取るものとする。

また，住民エージェントが避難ビルに到着した後は，避難ビルの入り口から内部の階段を上る。本稿の階段におけるシミュレーションは基礎的な検討段階であることから，階段上昇の際，前方に住民エージェントが詰まって滞留していた場合は，前のエージェントを追い越さない単純化した行動ルールとし，最上階に到着するまで階段を上る。そして，住民エージェントが最上階に到着した時点で避難完了とする。以上の行動ルールを住民エージェントの行動フローとして図5-5に示す。なお，本稿では，シミュレータの計算1 stepを1秒として時間換算している。

● 5.2 速度設定

本シミュレーションにおける住民エージェントの移動速度（歩行速度）は，従来の指針（国土交通省住宅局ほか 2001）をもとに平地で1.5m/s，階段を上がる速度は0.45m/sを基本速度とし，表5-1および表

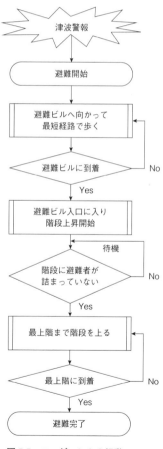

図5-5　エージェントの行動フロー

表 5-1　平地における歩行速度の設定

年齢層	歩行速度
11 歳未満	1.80 m/s（1.2 倍）
11 – 24 歳	2.25 m/s（1.5 倍）
24 – 38 歳	2.025 m/s（1.35 倍）
38 – 52 歳	1.80 m/s（1.2 倍）
52 – 71 歳	1.50 m/s（基準）
71 – 86 歳	1.35 m/s（0.9 倍）
86 歳以上	1.05 m/s（0.7 倍）

表 5-2　階段上昇時の歩行速度設定

年齢層	階段歩行速度
11 歳未満	0.54 m/s（1.2 倍）
11 – 24 歳	0.675 m/s（1.5 倍）
24 – 38 歳	0.6075 m/s（1.35 倍）
38 – 52 歳	0.540 m/s（1.2 倍）
52 – 71 歳	0.45 m/s（基準）
71 – 86 歳	0.405 m/s（0.9 倍）
86 歳以上	0.315 m/s（0.7 倍）

5-2 に示す年齢層別に設定した。ただし，各年齢層でさらに±30%のばらつきをランダムに与えている。

6　シミュレーション結果

本シミュレーションの結果を図化した例を図 5-6 に示す（深田・橋本 2017）。この図は，上述したエージェントの行動ルールに基づいたシミュレーションを 10 回実行したうちの一例である。また，10 回のシミュレーション実行で算出された津波避難ビル到着時間の平均を表 5-3 に示す。

今回のシミュレーション結果では，目的地である避難ビルの入り口に到着し，さらに階段を上って避難完了するまでに要する時間は，釧路市寿 1 丁目と 2 丁目に発生させた住民エージェントで平均約 25 分，釧路市寿 3 丁目と 4 丁目では平均約 46 分となった。また，住民エージェントが避難ビルに到着した後の階段昇降を開始するまでに，避難ビルの入口付近で，約 15 分～30 分程度の滞留時間が発生する結果となった（深田・橋本 2017）。

釧路市が想定する大津波は，数千年に一度発生する巨大地震をもとにしている。そのため，地震動が収束するまでの時間を考慮に入れると，人間が避難行動を開始するまでに 5 分前後必要と考えられる。この時間を今回のシミュレーション結果に加味し，さらに避難ビルに向かって住民が一斉に移動するような状況になると仮定すると，津波の到達予想時間は，概ね 30 分とされていることから，避難ビルの階段入り口で滞留する一部の住民は，避難ビルの最上階までの避難完了が間に合わない可能性があることが示唆される。

5　北海道社会における地域防災　　*121*

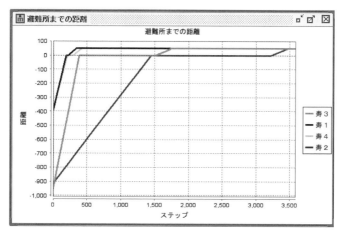

図5-6　シミュレーション結果の表示イメージ（深田・橋本 2017）

表5-3　シミュレーションによる避難時間（平均）（深田・橋本 2017）

	避難ビル到着まで（分）	避難ビル階段上り開始（分）	避難ビル階段上り完了まで（分）
寿1丁目	5.9	20.9	24.3
寿2丁目	6.1	21.5	24.9
寿3丁目	10.7	41.7	45.9
寿4丁目	10.4	41.5	45.6

7　まとめ

　本章では，釧路市橋北地区に道営住宅として建築された津波避難ビルを対象として，住民の津波避難行動における基礎的なエージェント・シミュレーションを試みた。本シミュレーションによる分析結果から，仮に，津波警報の発表後，住民が一斉に津波避難ビルへ向かうとすると，避難ビルの入り口付近で混雑することが示唆された。そのため，避難施設を指定する配置計画においては，複数の緊急避難場所等への分散を検討し，1つの避難施設に対する避難人数が適切になるよう，充分な事前周知・事前準備の必要がある。

　ただし，本シミュレーションにおける避難行動モデルは，現地における実際の避難行動データを反映できておらず，基礎的なシミュレーションに留まって

いる。今後は，関係する行政機関や地域住民の協力を得ながら，住民への津波避難行動に関する意識調査の実施や避難ビルにおける階段昇降の速度測定を行って実データを収集し，これをエージェントの行動モデルに反映させ，シミュレーション精度の向上を図っていく必要がある。

参考文献

青木健児・浅井達哉・鳥海不二夫ほか（2014）「マルチ・エージェント・シミュレーション」『情報処理』Vol.55, No.6, ：528-590。

大内東・川村秀憲・山本雅人（2002）「マルチエージェントシステムの基礎と応用―複雑系工学の計算パラダイム」『コロナ社』, 207 頁。

大畑大志郎・高井伸雄・鏡味洋史（2007）「釧路市中心市街地における津波避難施設配置の評価―マルチエージェントシステムを用いた津波からの避難シミュレーション その 2」『日本建築学会計画系論文集』No.612, ：87-91。

小川雅人・坪井塑太郎・畔柳昭雄（2015）「津波避難ビルの建築的特徴と地域的傾向に関する研究―南海トラフ巨大地震に伴う被害想定地域を対象として―」『日本建築学会計画系論文集』Vol.80, No.707, ：221-230。

片田敏孝・桑沢敬行（2006）「津波に関わる危機管理と防災教育のための津波災害総合シナリオ・シミュレータの開発」『土木学会論文集 D』Vol.62, No.3, 2006 年, ：250-261。

釧路市防災危機管理課（2018）「釧路市津波避難計画（第 5 版）」, 2018 年 8 月,
（https://www.city.kushiro.lg.jp/common/000094627.pdf）。

桑沢敬行・細井教平・片田敏孝（2015）「津波避難場所の誘導効果とそれを踏まえた設置場所のあり方に関する研究」『土木学会論文集 D3』Vol.71, No.3, ：117-126。

熊谷兼太郎（2014）「2011 年東北地方太平洋沖地震津波の避難行動の津波避難シミュレーションによる再現性の検証」『土木学会論文集 D3』Vol.70, No.5,：I_187-I_196。

国土交通省住宅局, 国土交通省建築研究所（2001）「2001 年版　避難安全検証法の解説及び計算例とその解説」『海文堂出版』, 326 頁。

国土交通省住宅局, 内閣府（防災担当）（2011）「「津波避難ビル等」に関する実態調査結果について（記者発表資料）」, 2011 年 12 月,
（http://www.bousai.go.jp/kohou/oshirase/pdf/111227-1kisya.pdf）。

関谷直也・田中淳（2016）「避難の意思決定構造―日本海沿岸住民に対する津波意識調査より―」『自然災害科学』Vol.35, 特別号,：91-103。

武田文男・池谷浩・安藤尚一・日比野直彦（2014）「津波災害における実効的な避難対策に関する研究」『政策研究大学院大学 GRIPS Discussion Paper』14-05,：1-26。

鳥海不二夫・山本仁志（2014）「マルチ・エージェント・シミュレーションの基本設計」,『情報処理』Vol.55, No.6, ：530-538。

内閣府（2005）「津波避難ビル等に係るガイドライン」, 2005 年 5 月,
（http://www.bousai.go.jp/kohou/oshirase/h17/pdf/guideline.pdf）。

内閣府（2017）「指定緊急避難場所の指定に関する手引き」, 2017 年 3 月,

(http://www.bousai.go.jp/oukyu/hinankankoku/pdf/shiteitebiki.pdf)。

仁平尊明・橋本雄一 (2015)「釧路市における自主防災組織の活動から見た津波避難の課題」『地理学論集』Vol.90, : 1-14。

畑山満則・中居楓子, 矢守克也 (2014)「地域ごとの津波避難計画策定を支援する津波避難評価システムの開発」『情報処理学会論文誌』Vol.55, No.5, : 1498-1508。

深田秀実・橋本雄一・沖観行 (2016)「津波避難における個人行動シミュレーション分析の試み」『日本災害情報学会第18回学会大会予稿集』A5-3, : 46-47。

深田秀実・橋本雄一 (2017)「津波避難ビルを対象とした避難行動シミュレーション」『二訂版 QGISの基本と防災活用』, 古今書院, : 165-171。

深田秀実・橋本雄一・沖観行 (2017)「津波避難ビルの階段上昇を含む避難行動シミュレーション―釧路市橋北地区を対象とした基礎的検討―」『地理情報システム学会講演論文集』第26巻, B-4-2, CD-ROM。

北海道防災会議 (2018)「北海道地域防災計画 (地震・津波防災計画編)」, 2018年5月, (http://www.pref.hokkaido.lg.jp/sm/ktk/bsb/bousaikeikaku_jishintsunami.htm)。

ほっかいどう防災教育検討委員会 (2014)「北海道における防災教育推進の方向性」, 2014年2月,
(http://kyouiku.bousai-hokkaido.jp/wordpress/wp-content/uploads/2014/05/hokkaido_bousaikyouiku.pdf)。

6 ダークツーリズムスポットとしての小樽の可能性

1 はじめに

　観光客の滞在時間の延長は，小樽のみならず，日本中の観光地の課題であろう。滞在時間の長さは，観光客が使用する金額に影響し，かつ長期的には定住人口にも影響を与える可能性がある。他方で，政府の促進政策もあり，現在日本中で海外観光客を中心に観光客の誘致合戦が繰り広げられている。特に北海道において，いずれの地域でも自然と農産物・海産物を売りにする観光が進められており，観光地間の差別化が極めて難しい状況となっている。

　しかし，小樽は，北海道の函館以外の他都市には見られない近代遺産が豊富であり，これまでもそれを活かした観光開発を進めてきた。しかし，明治から第二次世界大戦終結までの時代をどう考えるかということ自体に対する日本社会の姿勢が定まらないこともあり，小樽の近代遺産に基づいた観光は，ただ建築物が作り出す漠然とした「レトロ感」に依存してきた。これは皮肉なことに中国などのインバウンドが観光の重視すべき要素になるにつれ顕在化してきた問題である。つまり，単に近代建築や運河やそれによる町並みというだけであれば，東南アジア各地には，西欧諸国や日本が残した「遺産」が大量かつ大規模に存在し，小樽程度の規模であると中長期的には魅力を維持できないからである[1]。

---

1) この問題は，実はインバウンドブーム以前から指摘されてきた。下村（2013）は，滋賀県の長浜市の黒壁を中心とした観光まち作りが「長浜において観光空間が演出されればされるほど，『ノスタルジック・モダン』の経験に回収され得ない別なる観光体験の景気を来訪者に許さないものとなってしまうのである」（下村 2013, 130）とし，このような観光地が飽きられる危険性が高いことを指摘している。同様な問題は小樽でも指摘されている（堀川 2018, 371）。

表 6-1　小樽の観光客の状況 (小樽市 web サイトより作成)

		H28	H29	対前年度比（%）
	総数	7,907,700	8,061,600	101.9
	道外客数	2,792,600	3,131,200	112.1
	道内客数	5,115,100	493,400	96.4
	日帰り客数	736,200	757,500	102.9
	宿泊客数	872,100	885,100	101.5
	修学旅行宿泊客数	15,524	11,798	76
海外宿泊者数	中国	44,208	52,460	118.7
	韓国	26,742	46,380	173.4
	香港	26,470	35,520	182.2
	台湾	24,075	26,851	111.5
	タイ	14,587	13,055	89.5
	シンガポール	11,753	12,304	104.7
	マレーシア	8,058	7,186	89.2

　観光において，しばしば観光地の人が見せたいと思うものと，観光客が見たいと思うもののギャップが指摘されるが，小樽の場合は観光客が何を見たいと思ってきているのかということが実はあまり明確ではない。現在の小樽観光の中心は，運河から北一硝子やオルゴール堂が立ち並ぶメルヘン交差点までだが，小樽市民があまりこの地域で購買行動をすることがないことと同じく日本人観光客への訴求力は決定的なものではない。他方でインバウンドに対しては，周(2013)が部分的に明らかにしているように，コンテンツツーリズムの性格が強く，運河や歴史的建造物が常に高く評価されているわけではない。

　観光地の魅力の根源に自覚的でないがゆえに，なぜ飽きられるのかということも理解できない。年間800万人の観光客，急増する海外旅行客を受け入れながら，彼らがなぜ小樽を訪れ，何を求めているのかが正確にわからない。そのため，増加したクルーズ船の乗客の市内への滞在は限られているし，観光が活性化しているにもかかわらず，経済状態の向上につながらず，人口減少が止まらない。

　本章では，小樽の観光資源が近代遺産に偏っていることに注視しこれまであ

6 ダークツーリズムスポットとしての小樽の可能性

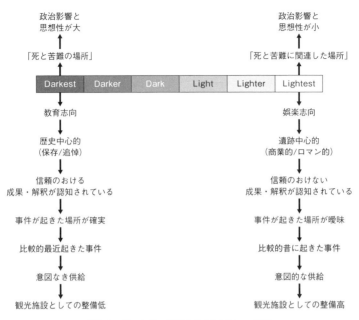

図6-1 ダークツーリズムの分布（Stone 2006）

まり小樽では顧みられなかったダークツーリズムという概念から，観光地としての魅力の源泉を考える。しかし，明示的には捉えられてこなかったが，小樽のまちづくりにかかわる人々の間では，小樽の歴史の光と影を分離しないこと，そのうえで訪れた人々が考えるような旅行の重要性はこれまでも指摘されていた。例えば，堀川（2018，369-370）が行ったインタビューの中で，小樽のホテルの元支配人赤間元は1998年の時点で，観光バスを中心とした観光形態の終わりを予見し，「観光客が自分の足で自分の頭で発見していく」形の観光に小樽が対応することの意味を指摘している。現在，ニューツーリズムとして新しい形の観光が登場しつつあるが，その中でもダークツーリズムは「自分の足で自分の頭で発見していく」観光にもっとも即した形態である。

　本章では小樽のダークツーリズムの具体的な導入案を示しながら，小樽にとってのその意義を考えることを目的とする。もちろん，ここで示される案以外にも小樽のダークツーリズムは可能であるが，現在の小樽の観光の動きと合わせて，あまりコストを掛けずに実現可能なものを選んだ。

2 ダークツーリズムの定義

　ダークツーリズム（dark tourism）という用語は，Foley and Lennon（1996）が初出であり，それほど古い言葉ではない。しかし，人類の悲劇の地を回る観光自体は，アウシュビッツや広島の原爆ドームなど古くから存在する[2]。欧米では，「死」の概念と密接に結びついた観光を指すとする定義が主流である（Foley and Lennon1996, Lennon and Foley 2000, Seaton 1996, Stone 2006）。Tarlow（2005）は，「悲劇と歴史的に特筆すべき死が発生し，かつわれわれの生に大きな影響を与え続けている場所への旅」（48）と定義している。また，Stone（2006）は，ダークツーリズムの供給と需要という観点から，論者の分類を行っている。すなわち，ダークツーリズムの対象としての「観光地」を提供するという視点と，ある地を訪問してその中に死の悲しみを感じ取る観光客の視点である。前者の場合，供給側の操作可能な概念になるが，後者は主観的な要素が強く観光の供給者にはコントロールできない。したがって，そこを訪れる観光客の感覚も多様なものとなり，娯楽性の高いものから教育的意義の高いものまでさまざまな形で並ぶこととなる。このような需要者側の感覚に対応して供給者側の意識やスポット，施設の整備状況も変わることになる。これを図示したのが図6-1である。

　いずれにしても，欧米でのダークツーリズムは，「悲しみ」というよりも「死」に触れられる場所というニュアンスが強い。例えば，ダークツーリズムの登場以前から，カタコンベのような墓地あるいは教会の地下で，遺体を見るといっ

---

2) ダークツーリズムの対象となる時代がいつまで遡れるのかということに関しては議論が多い。日本人の感覚だと，戦国時代を対象として悲しみの記憶と言われることはまずないであろう。しかし，例えばヨーロッパ社会では事情が異なる。例えばイギリスのYork市にあるClifford's Towerは，1190年に起きた反ユダヤ人暴動でここに逃げ込んだ150人のユダヤ教徒が焼き殺された事件の場所である。この地は，その後800年に渡ってユダヤ人の悲劇の地とされ，これは1978年York市が公式に虐殺を認めるまで続いた。また，世界遺産登録を目指した長崎の大浦天主堂などの歴史遺産が，ICOMOSから推薦内容の不備を指摘され，キリスト教禁教期の遺産のみを選択した「長崎と天草地方の潜伏キリシタン関連遺産」として登録されたことは記憶に新しい。このように実際のダークツーリズムの対象は状況依存的なものである。ただし，本稿では近代化との関連に絞った形でダークツーリズムを考えることとする。

たこと行為も同様な性格を持つと考えられる。

　他方で，限定的に公開される即身仏などを除けば，遺体を直接見ることが忌避されることが多い現代日本においては，より広義にダークツーリズムが捉えられており，「死」と直接つながりのない艱難辛苦まで含まれる。「死」がかかわる場合でも，間接的，象徴的な場としてのモニュメントや施設が対象となることが多い。時代区分としても，日本でのダークツーリズムの普及に中心的役割を果たしている井出明氏が，石見銀山などのいくつかの例外を除けば，明治維新前後の近代化に重点を置いていることから，日本の近代化あるいは現代が対象となる傾向にある。特に東日本大震災や福島原子力発電所の事故の教訓をどのように伝えるのか（東他 2013），といった同時代的な視点も強く出されることから，「記憶」という歴史的な視点だけでなく，いままさに起こりつつあり，回顧的包括がなされていない痛みや悲しみと結びつき，そこを訪れる者を巻き込んで「当事者」として答えを模索することを求める。

　「悲しみを忘れない」という視点からみれば，ダークツーリズムは，事件と観察者の相対的な関係から成立するものである。岡本（2016）はダークツーリズムの視点を評価しつつ，他方でその価値の相対性ゆえに統一的な見解を形成しにくく，ステレオタイプな説明がかえって遺産の意義を減じる危険性を指摘する。ダークツーリズムにかかわらず，より深い理解を楽しむことを目的とする観光の場合，供給者側の「見せたいもの」が強く出過ぎると，「感動の押しつけ」感が強くなり反発を買う原因ともなる。この様に観光客に「考えること」を求めるツーリズム形態は，観光対象と観光客の相対性をどの様にとらえるかが重要である。

3 小樽におけるダークツーリズムスポットの候補

　現在は認知されていない小樽のダークツーリズムであるが，本節では比較的観光資源となりやすい遺産がるものに絞って，候補と可能性を考えてみよう。ここでは，産業遺産としての手宮地区と戦争遺産を採り上げる。

● 3.1 手宮地区

　小樽市西部に位置する手宮地区は，日本の近代化の中で極めて重要な役割を果たしただけでなく，ダークツーリズムの対象となる町並みが比較的多く残された地域である。小樽のみならず，日本の近代化の中で手宮地区の果たしてきた役割を考えるうえでも，これらのスポットは重要である。手宮地区には石川県と新潟県出身者が最初に入植したため，現在でもこの地方にルーツを持つ人々が多い。手宮地区は，明治18年に鉄道が建設され石炭の積出港として，また北海製罐の企業城下町として関連した鉄工所などが立ち並びかつては非常に栄えた地区であった。

　手宮地区の観光の中心は，幌内鉄道（手宮線）の終着となる手宮操車場跡に建設された小樽市総合博物館本館となる。ここの延長線上には，明治44（1911）年石炭積み出しのための巨大桟橋が建設された。今でも博物館隣の手宮公園下にはこの桟橋のために山肌を削って固めた擁壁跡を見ることができる。幌内，そして石狩などから集められた石炭はこの桟橋を経て本土へと積み出されていった。その様子は小樽市総合博物館内でジオラマ模型で見ることができる。

　この桟橋付近で，大正13年12月27日，死者53人，負傷者11人，行方不明

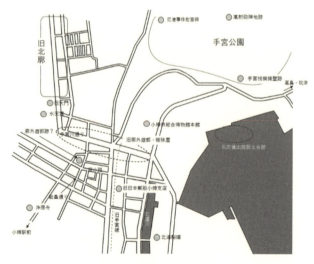

図6-2　手宮地区周辺地図

者33人という大爆発事故が起きている。石炭の粉塵に引火した何らかの火が火薬などの誘爆を引き起こしたと考えられている。そのときの振動は40kmちかく離れた札幌測候所の地震計でも観測され，爆発音は利尻島まで聞こえたという。

　このときに多くの遺体が運び込まれた石山町浄應寺には，この爆発事故の慰霊碑が残されている。これは運び込まれたおびただしい数の遺体に心を痛めた住職が，供養のために建てたものである。

　小樽駅前と手宮地区をつなぐために急峻な山に作られた切割道路の手宮側に作られた浄應寺は，主要な観光ルートから外れているだけでなく地元の人でもめったに訪れることがない。しかし，この古刹こそ小樽のダークツーリズムを語るうえで欠くことのできない重要な地点である。浄應寺は，1790（寛政7）年松前の福山で創立されたが，維新後松前が衰退し信徒の多くが小樽に移ったために1880（明治13）年に小樽市手宮に移る。1885（明治18）年に市内でコレラの死者が出たときに現在の地に納骨堂を作りやがて本堂も建設する（『小樽市史第1巻』1958）。

　日本の労働運動史の中で必ず語られる小樽港湾労働者争議（昭和2（1927）年6月）は，小樽の港湾全体で巻きこむことになったが，手宮の労働者たちは浄應寺境内に集結した[3]。小樽の港湾労働者（沖仲仕）は，小樽市総合博物館本館から100mほど小樽駅側に進んだところにある場所に日本郵船小樽支店が明治39年に設立されたときに始まると言われている。佐立七郎設計で現在は重要文化財に指定されている日本郵船小樽支店の前（現在は公園になっている場所）まで，運河が引き込まれ艀から建物の中に直接に荷の運び込みができたという。

　当時の港湾労働者は，小樽の半分を仕切ったと言われている鈴木吉五郎という侠客の配下の浜名甚五郎が雇用していた。浜名に対して，港湾労働者が一人

---

[3]　小樽港湾労働者争議と並んで日本労働運動史の中の一大事件として語られ，小林多喜二の『不在地主』の構想のアイディアともなった磯野農場小作争議（1926（大正15）年）の当事者である磯野進は，小樽で米穀海産物問屋を営んでおり，磯野が所有していた赤レンガ倉庫が，小樽市総合博物館運河館裏（小樽市色内）に残され，現在も飲食店として利用されている。

当たり10円の賃上げを求めたことがことの始まりである。浜名はこの要求に激怒し木刀を振り回して追い払ったが，労働者側はさらに加勢を得てついには警察が出動する事態となった。労働者側は，最終的には関連事業団体73か所，2,000人を超える大集団となった。浄應寺を拠点の一つに置いた労働者は取り締まりに来た警官をとらえて裸にして境内の木に吊るしたという話が伝わっている。また当時北海道拓殖銀行の行員であった小林多喜二は，労働者のためにビラを数多く書いたことが知られている。

1926（大正15）年に日本でMay Dayが始まったときも北海道では小樽が最初であった。北海道が資源供給地として日本の富国強兵政策を支え小樽がその玄関となったと同時に，労働運動の中心地の一つであったことを合わせて考えれば，日本近代史上の小樽の位置づけが理解しやすいだろう。

手宮では，戦後になっても，能島通り沿いの旧手宮劇場前で労働者の集会に駆けつけた警察のトラックに火炎瓶が投げつけられ，警察官数名が大やけどを負うという事件が発生している。小樽を訪れて，運河や数々の海運王が活躍した時代を思い浮かべるのであれば，そこで働いていた人々の荒々しい怒りや悲しみの感情を知ることでより深い思考ができるだろう。

日本近代史の中の大きな事件で，浄應寺がかかわったものが，1920（大正9）年3月，極東ロシアアムール川河口にある町ニコライエフスクで起きた尼港事件である。これは，ロシア革命の余波を恐れ，また極東ロシア地域での足場を確保しようとしたシベリア出兵と，各国が撤兵する中で兵を引くタイミングを失うという失敗によって引き起こされた悲劇である。

アレキサンドロフスクは，ロシア人，朝鮮人，中国人の混成からなるパルチザン約4,000人に急襲され，日本人731人を含む6,000人以上が殺害された。

遺体は，樺太のアレキサンドロフスクを経て，小樽に運ばれ浄應寺で，政界，軍，経済界の重鎮が参列して供養が行われた。犠牲者の3分の1は長崎あるいは天草の出身者であり，小樽関係者は1名のみだったが，小樽経由でニコライエフスクに渡った者も多かったため，「北の海運王」と異名をとった小樽の事業者である藤山要吉が手宮公園内に慰霊塔を建設した。当初は，遺骨も収められたが，その後小樽市中央墓地に移され，今は慰霊塔のみが公園内に残る。事件当時は全国に慰霊塔が建てられたが，やがて忘れ去られ天草でも慰霊祭が途絶

図 6-3　北廓大門（小樽市総合博物館蔵）

えた今でも，小樽では小樽仏教会により慰霊祭が続けられている。

　港湾業と操作場の周辺産業としての鉄工業，そして漁村である祝津・高島に続く手宮は，戦前の小樽の繁栄の象徴でもあったが，それに応じるかのように手宮には遊廓街が建設された。手宮遊廓，通称北廓と呼ばれたのは，基本的に手宮川通り沿いの保育園付近から北の 400m であり，道の両側には大門が置かれていた。大門近くには，この地域の有力者が寄贈した水天宮がある。大門以降の遊廓は廓内遊廓と呼ばれ，廓外で例外的に許可された少数の遊廓とともに正式に許可されて営業していたものである。遊廓の建築物も比較的大きく，花代は一般人が払える金額ではなかった。これに対して，大門から現在のバスセンター周辺まで手宮川通り沿いには，1 階では飲食店を営み 2 階で，女性と遊ぶ非合法のいわゆる「曖昧屋」と呼ばれる店舗が数多く並んだ。港湾同労者やいま地元の人が「ここに遊廓があった」と話す場合，廓内遊廓ではなく，廓外遊廓あるいは曖昧屋を指すことが多い[4]。

4）公式の遊廓廃止は 1958（昭和 33）年だが，小樽では昭和の初め頃から大きな遊廓の廃業は続いていた。逆に曖昧屋は，赤線廃止後も形を変えながら残ることになる。市内でインタビュー調査を行うと，この両者が混同して語られることがあるので注意が必要である。手宮では，最後まで，曖昧屋が残った色内手宮線沿いの国際通りでは，線路沿いの狭隘地ということもあり再開発が進まず，往年の建物が数多く残る貴重な→

ただし，廓内遊廓の建物がすべて取り壊されたのに対して，廓外遊廓あるいは曖昧屋の跡と語られている建物が，能島通りの手宮川通り方向に1軒残されている。現在，1階は美容室として使われており改装されているが，2階には当時の建物の形を見ることができる。また手宮川通り沿いには曖昧屋の建物が鉄工所の事務所として使われている。この界隈には，当時港には朝鮮人，中国人労働者も多かったため，朝鮮人遊廓，中国人遊廓も存在した。漠然と見ていると単なる古い建物にしか見えないものでも，一定の知識を持って歩くと往年の喧騒が聞こえてくるようで興味深い。

北廓があった手宮川通りから一本手宮公園側に入った本田沢通りは，かつてはこの周辺に暮らした港湾労働者たちによって非常ににぎわったところである。現在では，人通りは少なく2, 3の古い建物が往時をしのばせるのみだが，この本田沢通りから手宮公園側へと進んだ丘の斜面に，当時の労働者住宅がいくつか残っているものを見ることができる。意図的に保存されているわけではないので，いつ取り壊されるかわからない状態である。

さらに旧日本郵船小樽支店から能島通りへと抜ける通りは狸小路と呼ばれる。これは，うっかりしていると詐欺師や遊廓の客引きに騙されて身ぐるみはがされるという由来があるとする説がある。2018（平成30）年3月に行ったインタビューでは，地方から出て来て小樽で一旗揚げようとした人々が，騙されて遊廓で散々遊ばされた挙句，借金を背負わされてタコ部屋に売られるという事件が頻発していたという証言も得られている。この狸小路沿いには，労働者たちが利用した銭湯（1905（明治38）年開業）の建物が残っている。

このように，手宮地区には日本近代史上の重要な資産が数多く残っているが，それだけでなく，手宮地区の町並み自体が，日本の近代化というテーマに興味を持って歩けば，かつての繁栄を思い起こさせるものである。そのためには1階より2階に目線を上げて歩くとよいだろう。北前船船主の倉庫群が並ぶ北運

→区域である。近年，この建物を修理して飲食店に使用する動きがみられるのは，保存・活用の観点から見ても非常に好ましい。従来は，市民にとってあまり印象が良くなかった地域ではあるが，近年では旧手宮線が公園として再整備され色内降車場も再現されたことと合わせて，歴史的な意味づけをしたうえで，保存・活用策を考えることで観光資源への転換も可能であろう。

河，重要文化財である旧日本郵船小樽支店，北日本最大の交通博物館である小樽市総合博物館本館という既存の観光資源と距離も近く徒歩で歩き回ることが可能な距離である。

既存の「光」の観光資源に，上述の「闇」の観光資源を加えることで，近代史の中の手宮あるいは小樽の歴史が，厚みを増すことは明らかであろう。小樽ひいては日本の近代は「樽僑」と呼ばれた成功者のみで作られたわけではない。手宮地区は，見せ方を工夫すれば，そこで働いた数多くの顔を知ることができない人たちの生きざまを体験できる可能性を秘めている。

● 3.2　戦争遺産

言うまでもなく日本の近代史は戦争と切り離せない。当然，小樽も戦争とは無縁ではなかった。ただし，第二次世界大戦より前の戦争関連遺産は，前項で述べた尼港事件の慰霊碑を除けば，市内には日露戦争中の旅順港閉塞作戦で徴用船を提供した板谷宮吉の旧邸宅，広海二三郎の倉庫，日露戦争前に建設された軍用道路跡という間接的なものしか残っていない。

それに比べて，第二次世界大戦時の遺産は，市内に点在しており，しかも多くが，「光」の観光地と重複している。その典型がいわゆる「北のウォール街」と呼ばれる周辺である。小樽には，元々陸軍の輸送部隊である第五船舶司令部（暁第6160部隊）の支部が置かれていたが，戦局の変化に伴い1944（昭和19）年本部が移転されてきた。その関係で，市内には一時数万人の兵士があふれていたという。第五船舶司令部は，三井物産ビルに本部を置き，第一銀行ビル，三菱銀行ビル，越中屋ホテル，日本郵船小樽支店等を徴用し使用した。第一銀行ビルの上には，対空機関銃座まで設置されて，1945年7月15日の小樽空襲時には手宮の高射砲陣地とともに反撃を行っている。これらのビルは，「ウォール街」周辺に現存しており，観光景観を形作っている。戦後は，進駐軍に接収され使用されている。

進駐軍文化ともいえるキャバレーは市内では，すべてなくなってしまった。それに対して，越中屋ホテルは元々外国人用ホテルとして建設されたこともあり，占領下でも将校クラブとして利用されていた。

戦争遺産とはいえ，「北のウォール街」には「死」を感じることがないが，そ

図 6-4 陸軍特攻艇格納庫跡（写真提供 K2）

の観点で最も重要な遺産が，高島町茅島岬周辺に置かれた陸軍第四野戦船舶廠暁第 6195 部隊跡である。ここは，陸軍の特攻艇マルレ艇の訓練と開発を行うために設置された基地であった。マルレ艇は，航空機用のエンジンを搭載したモーターボートに爆薬を搭載するものである。海軍の震洋とは異なり，元々は体当たりを想定したものではなく，敵船舶周辺で爆弾を投下するために作られたものであるが，戦況の悪化とともに体当たり攻撃用に転換された。高島の基地で，隊員が訓練をされ，道内各地あるいは千島方面に配備されていった。

現在は，閉鎖されている旧高島トンネルは，基地司令部として掘られた 2 本のトンネルのうち 1 本を戦後利用したものであり，また茅島岬には，マルレ艇を収容するための洞窟が残っている。この建設には，多くの朝鮮人徴用工が駆り出され，十分な道具も食事も与えられず，苦痛にうめきながら作業を行ったと言われている。これを見かねた周辺住民が軍の目を盗んで徴用工たちに差し入れをしたという話も語り継がれている。日本人の若者が死にゆくための基地を併合下にあった朝鮮人が強制的に掘らされるという状況を想像すれば，近代の富国強兵政策の末に，日本がどこにたどり着いてしまったのかを考えさせられる。

全国的に見ても貴重な遺産であるにもかかわらず，保存状態は良好とは言えず接近する道もないので，遊歩道の整備や説明・慰霊碑などとあわせて保存対

策が必要だろう。

井出（2018）は，茅島岬を海から訪れた時の印象を次のように語っている。

> ダークツーリズムの旅としてのダイナミズムは，風景の美しさと現実の悲劇とのコントラストの中に感じることがままある。海から風光明媚な入り江を眺めながら接近してみると古い構造物も確認できる。この美しい海辺で，70数年前に死を前提とした兵器の配備がなされていたことを鑑みる時，極限における若者たちの生と死の臨界を感じつつ，自分自身の命の意味や生き方を考えることにつながっていく（井出 2018, 44）。

茅島岬の上の藪をかき分けて先端にたどり着くと，石狩湾の絶景が広がる。晴れた日であれば，そこから見下ろせば当時のものと思われるコンクリート製の建造物が海中に見ることができる。現在は接近するすべがなく，かつて滑落事故も起きた危険なところだが，遊歩道を整備すれば，漁場ともなっている周辺に迷惑をかけることもなく，訪れた者は自然の美しさとかつてここで起きた悲しいできごとの両方を同時に体験することができる。

問題は，現在の小樽には，これらの戦争遺産に関する一般の人が触れられる説明がないことである。もちろん，興味を持ってインターネットを検索すれば断片的な情報を集めることは不可能ではないが，「観光地小樽」のイメージがあまりにも強力であるため，そもそも小樽に戦争遺産があるとは思わない人は市民の中にも少なくない。これは全国の戦争遺産にも共通するものだが，日本には欧米で見られるような戦争・軍事博物館の伝統がなく，広島の原爆ドームや大和ミュージアム，知覧特攻平和会館，遊就館といった典型的な観光スポットを除けば，全国に至る所にある遺産を集中的に解説する場所が不足している。小樽でも，北海道空襲の平和展示は毎年開催されるが，近代史における小樽と戦争の関係を体系的に説明する常設の展示は博物館にもない。高島地区は歴史的に重要な地域なのだが，小樽観光の中では運河と鰊御殿，水族館を擁する祝津の間の通過地点としてしかみなされておらず，観光客が立ち寄る機会すらない状態である[5]。

● 3.3　その他の地域

　小樽の近代遺産は大規模な銀行建築を除けば，個人所有のものが多く，その維持も所有者の判断に委ねられている。そのため，ダークツーリズムのスポットとなりうるものでも，今は失われてしまったものが少なくない。例えば，かつての小樽の中心地は現在の小樽駅より約 4km 札幌側の勝内川河口付近であり，この地域はかつては金曇町（こんたん）と呼ばれた。金曇町は，先述の藤山要吉や板谷宮吉が最初に居を構えた地域でもあり，北前船に乗って小樽で一旗揚げようとした人々が最初に集ったところであった。その意味で小樽史の中で重要な地域でもある。金曇町では早くから料理屋や遊女屋が経営されていたが，開拓使は 1871（明治 4）年にこの地を遊廓として指定する。しかし，1881（明治 14）年の旧 11 カ町 560 戸を焼いた火事で全焼し，やや西側の住吉神社前に 1883（明治 16）年再び遊廓街が形成られる。

　しかし，1896（明治 29）年遊廓からの失火により付近町村を全焼，さらに町の拡張とともに市街地に「悪所」があることを是としない行政側の計画により，1907（明治 40）年，当時はまだ開発の進んでいなかった天狗山麓に移転させられる。これが松ヶ枝遊廓，いわゆる南廓である。かつては北廓よりも南廓の方が伝統があり，格式が高いとさえ言われた。1908 年（明治 41）年には 17 件，113 人の娼妓を抱えるに成長した（小寺 1984）。しかし，現在は北廓以上に住之江遊廓，松ヶ枝遊廓には遺構らしきものは存在せず，住之江遊廓後は病院と学校，松ヶ枝遊廓は住宅街となっており，当時をしのばせるものは防火のために幅広に取られた道路だけである。

　また，小樽は明治から 1952（昭和 32）年まで繰り返し大火に見舞われた町である。小樽の景観を形作っている木構石造の蔵や観光地である堺町周辺で見られる住宅用防火壁であるうだつ（梲，卯建，宇立）が象徴的である。また，市内に残るかつて第一火防線（浅草通り），第二火防線（駅前通り）と防火壁の役割も期待された中央市場，小樽博物館内に剥製が展示されている消防犬文公，

前ページ 5）付近には市指定の歴史的建造物である旧高島町役場が存在するが，2018 年現在は閉鎖されており，外観を眺めることができるのみである。ここを平和記念館に改装して，マルレ艇と特攻基地，小樽と戦争の関係を解説する展示を作るのは一つの方法であろう。

現存するいくつもの火の見櫓と火事にまつわる遺産は多い。しかし，これらは個々にまつわる物語がなく，観光地として説明が難しい。また，数百戸が燃える大火の割に死者の数が少ないのが小樽の火事の特徴であり，悲しみの記憶を巡るダークツーリズムの対象ともなりにくい。

　ただ，近代と産業という視点で考えた場合，小樽単独でダークツーリズムを考える必要はない。小樽は北海道産の石炭の積出港として整備された町であり，その意味では北海道内の産炭地およびその他の鉱山との関連で語られるべきだろう。例えば，手宮に石炭を運んでいた幌内炭鉱では，1975（昭和 50）年に大規模なガス爆発事故が発生し 13 名が死亡している。炭鉱との結びつきで成り立つ港であった以上，小樽の歴史はこれらの悲劇と密接な結びつきがある。完全ではないにしろ，北海道内の旧産炭地の観光資源の整備が徐々に進みつつある現在，ダークツーリズムの視点による連携は観光資源の相乗効果を生みうる。

　また明治期の小樽との結びつきで考える場合，重要なスポットが 1881（明治 14）年現在の月形町に置かれた樺戸集治監である。ここは西南戦争以降の国事犯を始めとする政治犯が数多く収容されたところであり，北海道開発の労働資源の供給拠点とされた。ここの囚人は，小樽に一度上陸した後，石狩川を遡上する形で樺戸に送られた。彼らは釈放後も道内にとどまることを目論まれたが，やがて囚人だけでは足りなくなると借金などの理由にして逃れられない形で強制労働につかされた労働者によるいわゆる「タコ部屋」の発祥の地となる。囚人以外にも，小樽市内に居住していた新選組の元 2 番隊長である永倉新八が剣術指南に来たことや小樽市内の商人が集治監への物品を納入するなど人的，経済的なつながりが多かった。樺戸集治監は，ドラマや漫画の舞台になったこともあり，また現在は博物館が整備されているため比較的ダークツーリズムの対象となりやすい場所である。

　ダークツーリズムは，その物語性故に点ではなく，各地を結ぶ線として広域観光圏を形成しやすいという特徴を持つ[6]。小樽は，千歳空港が本格始動する

---

6) 井出（2018）で紹介されている典型的なダークツーリズムによる地域間の結びつきが，栃木県の足尾銅山と北海道の佐呂間町であろう。佐呂間町は，もともと足尾銅山鉱毒事件の毒物を沈殿させる池を造成するために水没させられた谷中村を中心とした栃木県内の被害地から 1911（明治 44）年入植した人々が作った村である。

戦後まで北海道の正面玄関としての役割を果たしていたことから，北海道ほぼ全域との結びつきが存在し，ダークツーリズム圏の起点になりやすいという特徴を持つ。

4　小樽におけるダークツーリズムの意義

　小樽において，光と闇の観光は連続性が高い。手宮地区の項で見たように，典型的な観光スポットとダークツーリズムの対象となる地域が隣接しており，しかも視点さえ持ち得れば，かつての小樽の繁栄とそれを支えた名もなき人たちの生涯が両立する。現状において，「北運河」と呼ばれる地域の観光の対象にはこれらの地域は含まれていない[7]。運河を挟んだ北海製罐の工場とかつての海運の中心であった石造倉庫群，そして日本郵船小樽支店と博物館で完結している。しかし，運河に浮かんだ最後の艀は，何も知らない人がみるとただの廃船に過ぎないが，手宮地区の町並みとその歴史を知ると，その象徴的な意味が理解できる。

　小樽は，日本中が高度経済成長に沸く時期にすでに衰退期に入っており，戦前と戦後では全く違うアイデンティティを持つ。戦前の小樽は繁栄の絶頂を迎え，近代の光と影のコントラストがはっきりした町であった。それに対して，戦後の小樽は，エネルギー転換，鰊の不漁，貿易港の地位の喪失という戦前のアドバンテージをすべて失っていく過程である。戦後の小樽は，町を二分した運河の保存運動の印象が強く，戦前戦後よりも保存運動以前とそれ以後という分け方をした方が市民の間ではわかりやすいとさえ言えるだろう。

---

[7] 小樽市は web サイトで「小樽案内人のおススメコース」として 18 のコースをこうかしておりその中に「情緒あふれる北運河コース」があるが，基本的に運河と博物館周辺に限定されており手宮地区は含まれない。また小樽案内人検定のテキストにおいても，近代史における手宮地区の重要性は充分には触れられていない。
　井出（2013）は，ダークツーリズムにおけるガイドの役割を重視しているが，ガイドには観光客に対して悲しみの記憶を単に「お気の毒様」という感想に終わらせないための客観化の能力も必要であると指摘する。また，小樽市内の観光スポットが個人所有のものであることも考えれば，それらへの配慮という点でガイドの役割は重要なものとなる。

これは市民の意識にも大きな影響を与えている。市民の多くにとって，戦前の資産は生まれる前から自分たちとは無関係にあるものであり，そこで生きていた人々は自分たちの近い先祖であるにもかかわらず，連続性を喪失している。
　かつての小樽では，尼港事件を我がことのように慰霊したにもかかわらず，日本中が悲しみとロシアへの怒りに包まれる中，対ロ貿易額を急速に伸ばし，ロシア領事館の誘致に成功している。これは国策に基づいて開拓されていく北海道において，極めて独立独歩の精神の強い小樽商人の気風を如実に表している。他方で，小樽の労働者は，昔ながらの侠客に仕切られながらも他方で最新の共産主義の影響を受け，極めて先鋭化する。封建国家から近代国家へと日本が移り変わる中で，旧来の日本社会の伝統とは切り離された開拓の地で繰り広げた人間の悲喜劇が，現在の観光都市小樽ではあまり顧みられないのは，歴史の重層性を喪失させ，歴史を資源として観光を展開しようとする地にとって失うものがあまりにも大きい。
　このように観光の供給者としての小樽が考え直すべきものは大きいとしても，需要者である観光客に過剰な知識や心構えを求める必要はないだろう。井出（2017）は，次のようにアドバイスをしている。

　　また，ダークツーリズムスポットには「勉強してから行け」と言う人もいますが，私は必ずしもそうは思いません。
　　まずは気楽に，自分が気になった場所にふらっと観光してみるだけでもいい。そうやって何カ所か訪れてみると，俯瞰的に何かが見えてくることがある。そういう迫り方もあるのではないでしょうか。ただし，ダークツーリズムスポットのなかには，まだ苦しい思いを持ち続けている方がいらっしゃるケースがありますので，そういった人々には敬意を持っておくことは重要です（井出 2017, 25）。

　小樽の場合，最近名物となっているあんかけ焼そばも港湾労働者や漁師たちの食欲を満たすうえで発達してきたものであるし，市内に多数残る餅屋，ぱんじゅうなども労働者たちの腹を満たすという役割もあった。手宮地区の住民たちはかつて中心部の商店街やデパートに出かけることを「町に出る」と呼んだ

が，小樽の町の繁華街自体が労働者の楽しみの場所でもあった。観光客は，小樽の食文化を楽しむこともまた日本の近代史を体験する一助となるだろう。

「北のウォール街」がプレモダンからモダンへの建築様式を一度に見ることができることはかつてから指摘されていたが，小樽は明治維新から第二次世界大戦終結までの日本の近代化とその帰結，約80年間を一望できる稀有な町である。北海道外の日本の各都市が明治以前の歴史とそれ以後が混在するのに対して，小樽はほぼ明治以降の形成物で形作られている。その意味で，小樽は日本人自身の興味を引く町となりうる可能性を秘めている。

近代日本の形成の中で，資源の供給地であり内国植民地であった北海道，そしてその玄関としての小樽の歴史はその辛苦と切り離して語ることはできない。しかし，歴史に光と闇があるように，そこに生きた人々にも単に時代の犠牲者というだけではない「生」があったはずである。それを知るためには明るい観光だけではなく，悲しみの記憶をたどる旅がともに必要である。

5 まとめ

本章では，小樽の歴史資産を用いたダークツーリズムの可能性を考察した。小樽は，その顕著な盛衰が明治以降の近代史の中にあるという点で，ダークツーリズム的な要素が元々入った町であるということができる。しかし，日本の他の観光地と同じく，小樽でも歴史の影の部分を観光客に見せることにためらいがあった。衰退した町並みを見ても，誰も得るところがないと考える人も少なくないだろう。

他方で，まちの形成の経緯と小樽市民のアイデンティティが，光と影の両方に深く根ざしていること，そして観光地の光の部分が日本の近代化と内国植民地北海道の開拓ということ密接に結びついていることから，小樽のダークツーリズムは比較的ストーリー化が容易であるとも考えられる。前節で挙げた小樽名物のように，港湾産業都市での労働者の生活と密接に結びついたものも少なくなく，新たに名物を作らなくてもいいということも有利な点であり，光と影のどちらにも偏りすぎず中身を深めることができる。

問題は，むしろ小樽の町並みが重要なダークツーリズムスポットとなり得る

という点が認識されておらず,また個々の物件の所有者が個人所有であるがゆえに,運河やウォール街周辺を除けばほとんど保存の手が付けられていないということであろう。スポットとしての小樽のダークツーリズムサイトは,いずれ消滅する危険性が高い。

　小樽は大衆によって形成された町であり,小樽の現在の観光スポットは住民の先祖によって作られたものである。地に足のついたまちづくりを進め,それと不可分のものとして観光を考えるのであれば,ダークツーリズムの視点が入ることはむしろ自然であろう。ただし,その多くの資産が大衆文化に基づくものであり,そのままでは価値がわかりにくいこともまた事実である。最初の見せ方にも工夫が必要だが,場所と見る人の相対的な関係が重視されるダークツーリズムの性格上,観光客とのコミュニケーションの中で場所と方法を少しずつ作っていくことが鍵となる。それは長期的には日常のまちづくりと一致するものとなるだろう。

参考文献
[欧文文献]
Foley, M., and Lennon, J. (1996) "JFK and Dark Tourism: Heart of Darkness." *Journal of International Heritage Studies*, 2 (4), : 198-211.
Lennon, J., and Foley, M. (2000) Dark Tourism: The Attraction of Death and Disaster. London: Cassell.
Seaton, A. V. (1996) "Guided by the Dark: From Thanatopsis to Thanatourism." *Journal of Heritage Studies*, 2 (4), : 234-244.
Stone, P. R. (2006) "A Dark Tourism Spectrum: Towards a Typology of Death and Macabre Related Tourist Sites, Attractions and Exhibitions." *An Interdisciplinary International Journal*, 54 (2), : 145-160.
Tarlow, P. E. (2005) "Dark Tourism: The Appealing 'Dark Side' of Tourism and Mode." in: Novelli M. eds. *Niche Tourism – Contemporary Issue, Trends and Cases*. Oxford Butterworth-Heinemann, : 47-58.

[邦文文献]
東浩紀他(2013)「福島第一原発観光地化計画」,『思想地図β』,vol.4-2,ゲンロン。
井出明(2013)「提言1　ガイドを育てる」東浩紀編著『福島第一原発観光地化計画』(『思想地図β』,vol.4-2),ゲンロン。
井出明(2017)「『彼の地』を訪れる理由　ダークツーリズムとは」,風来堂編『ダーク

ツーリズム入門　日本と世界の「負の遺産」を巡礼する旅』，イーストプレス．
井出明（2018）『ダークツーリズム　悲しみの記憶を巡る旅』，幻冬舎．
小樽市（1958）『小樽市史』第1巻．
神代方雅・神代順平・長内戦治・田中実・戸巻昭三（2013）「小樽運河における倉庫群と艀荷役にみる港湾労働の実態に関する考察」，土木学会『論文集』Vol. 69，No. 1，1–15．
小寺平吉（1984）『北海道遊里考』，北書房．
周菲菲（2013）「小樽を消費する：中国人観光における小樽の地域イメージの消費と現実を中心に」，『北方人文研究』，6, : 29–46．
下村智典（2013）「コモンズが開く都市の持続可能性―都市資源の再生と活用」，間宮陽介・廣川祐治編『コモンズと公共空間』，昭和堂．
北海道公衆浴場業生活衛生同業組合編（2013）『道浴50周年のあゆみ』，北海道交通印刷株式会社．
堀川三郎（2018）「町並み保存運動の論理と帰結　小樽運河問題の社会学的分析」，東京大学出版会．

[小樽市 web サイト]
小樽市「平成29年度【全期】小樽市観光入込客数の概要」，平成30年6月4日発表．（https://www.city.otaru.lg.jp/kankou/torikumi/irikomi/gaiyou.html）．
岡本亮輔（2016）「やっかいな「ダークツーリズム」〜言葉のひとり歩きが"遺産の価値"を曖昧にする　フクシマ，チェルノブイリ，オキナワ…」，『現代ビジネス』webサイト，（https://gendai.ismedia.jp/articles/-/48224?page=5），2018年9月12日．

異文化観光客間の相互知覚と社会的相互作用
──ニセコスキーリゾートにおける観光客セグメントの互換性管理への示唆[1]

1 はじめに

本研究の目的は,観光客間の社会的相互作用[2]に関する既存の研究では十分取り扱われてこなかった観光客間の影響関係を論じることである。特に,観光客が,同一国籍(内集団)あるいは他国籍(外集団)の知人以外の「見知らぬ」(stranger)観光客をどのように相互知覚[3]しているか,また,これがどのように観光体験の評価に影響を与えるかを検討する。

本研究では,欧米の観光客にも高い人気を誇るニセコスキーリゾートで調査を行った。ここでは,リゾートでの観光体験に関する顕著な側面について,自由回答式アンケートにより,オーストラリア(151人),日本(115人),香港(24人),ヨーロッパ(29人),北米(14人),ニュージーランド(11人),シンガポール(8人),中国(4人),韓国(3人),台湾(2人),その他(3人)の364人の訪日客から有効回答を得た。

その中から観光客間の社会的相互作用に関する代表的な記述を選び出し,質

---

1) 本章は英文のPraet et al. (2015)の拡張版である。なお,「互換性管理」はcompatibility managementの訳であり,本論文では特定の観光地関係者と当該観光地を訪れる様々な顧客層(customer segment)がお互いの体験に悪影響を及ばさないようにセグメント同士のバランスをうまく管理することを指している。
2) 本章では「社会的相互作用」と「相互作用」を併用しているが,いずれも「社会的相互作用」の意味で使っている。なお,本章では「社会的作用」を船津(2012)による定義を一部修正して次のように定義する:「社会的作用とは人間が言語的且つ非言語的行為のやりとりを通じて互いに影響を与え,また,与えられる過程を指している」
3) 本章では「知覚」,「認識」および「認知」といった用語を併用しているが,類義語として使用している。

的解釈を行う。また，全サンプルの中で各 100 人以上の回答者を得られたオーストラリアおよび日本の調査対象者の回答を，内容分析にて数値化し，サンプル間の差異について統計分析を行った。

その結果，観光客は，自分と同国籍の「知人ではない」観光客の存在を，鋭敏に認識していることが判明した。特に，日本の回答者の 44％以上が大勢の外国人観光客を認識している。オーストラリア人の観光客のうち，13％が他のオーストラリア人の存在を，「明らかに予想外のもの」として挙げ，また 11％はそれを否定的に感じている。日本人は外集団の観光客に頻繁に言及しているのに対して，オーストラリア人は内集団の観光客により頻繁に言及している。この差は統計的に有意であった。

本研究は，観光客間の社会的相互作用が，観光地での体験に対する満足度にどのように影響するかを示している。本研究の主な貢献は，日本人と西洋人観光客の内外集団との社会的相互作用と認識に関する既存研究を異なる観光地や観光活動に適用している点にある。さらに，本研究では，観光客間の社会的相互作用と，複数の国籍のインバウンド観光顧客セグメントの誘致に関わるダイナミクスの問題について，明らかにしている。認識されたセグメント間の非互換性と数的インバランスが，他の地理的（国）セグメントの構成員間の観光地における観光体験の満足度に影響することを示している。また，地理的な顧客構成のバランスをとることの重要性を経営上の課題として言及している。

2 本研究の背景

● 2.1 「サービス・エンカウンター」における顧客間社会的相互作用

サービス・マーケティング分野で広く注目されている構成概念の 1 つが，いわゆる「サービス・エンカウンター」である。それは企業が提供するサービスと顧客の直接的な「接点」または「場」であり，そこでの体験が当該サービスに対する顧客満足度を左右するため，顧客と企業（従業員）が相互作用する重要な機会であると考えられる (Shostack 1985, Solomon et al. 1985, Bitner et al. 1990, 北中 2014)。しかし，サービス・マーケティングの研究は，伝統的に，サービス・エンカウンターにおける従業員 - 顧客間の社会的相互作用に焦点を

当てる傾向があり，サービスを受ける顧客間の社会的相互作用を無視する傾向があった (Nicholls 2011)。これに対処するために，サービス・マネジメント研究は，サービスを受ける顧客間の相互作用を含むようにこの定義を拡大することが多くなりつつある (e.g., Grove and Fisk 1997, Nicholls 2011, Miao et al 2011, Miao and Mattila 2013)。

しかし，Nicholls (2011) は，顧客と顧客との社会的相互作用 (CCI = customer-to-customer interaction) に対する関心の高まりにもかかわらず，顧客間の相互作用に関する研究は，同じ文化的背景を持つ主体間の社会的相互作用に焦点を置く傾向があり，異文化間 CCI についてはほとんど研究されていないことを指摘している。ホスピタリティや観光産業などのサービスにおける消費の多文化性が次第に高まりつつあることを考えると，異文化間の顧客間の相互作用に関する研究が欠けていることは重大な問題であると言える。文化が異なる顧客間の相互作用は，顧客満足度に大きな影響を及ぼす可能性があるため，観光業などの経営者は，これらの相互作用のあり方とそれらの管理可能性の両方を認識することが重要である (Nicholls 2011)。

● 2.2　国際観光における異文化間セグメントの（非）互換性

国際観光の文脈では，顧客間の相互作用は，観光とホスピタリティ関連のマーケティング担当者によって，通常は異なるセグメントに分類されている異なる文化的背景を持つ顧客間で生じることが多い。Lazarevski and Dolnicar (2008) は，観光では市場のセグメンテーション（細分化）が行われているにもかかわらず，観光業と学界の両方で，多層的な観光客のセグメントが潜在的には互換性がないという問題がほとんど無視されているとしている。他の条件が同じであれば，あるセグメントの存在が他のセグメントの休暇体験のクオリティの低下を引き起こす場合，観光セグメントに互換性がないという。反対に，あるセグメントの存在が他のセグメントの休暇体験に悪影響を及ぼさない場合，セグメントに互換性があるという。

「休暇体験」という用語は，（非）互換性が検証されている文脈を指す。ここでいう文脈とは，例えば，航空機，空港，列車，鉄道駅，バス，バスステーション，フェリー，クルーズ船などの輸送インフラの要素に加えて，観光地[4]，ホ

テル，レストラン，リゾート，そして様々な交通拠点にある待合室，レストラン，キオスク，バスルームなどを指す。

その簡便性ゆえに，地理的セグメンテーションは，ホスピタリティ業界および旅行業界で最も一般的なセグメンテーションベースである。国際観光マーケティングの担当者は，セグメンテーション基準として顧客の出身国（または地域）を用いることが多い（Morrison 2002）。

Ritchie (1977) は，インバウンド観光客に焦点を当てている場合でも，数と支出額の両方の点で，最も重要なのは国内観光客であると指摘している。観光関係者が結果として直面するジレンマは，どの程度の外国人観光比率が望ましく，国内観光客よりも優先して外国人観光客に目を向けるべきかということである。

● 2.3　国際観光における異文化間「顧客ミックス」の管理

Morrison (2002) は，顧客ミックス—特定の観光サービス提供者の既存顧客層，あるいは潜在的顧客層の組み合わせ—の概念は，市場セグメンテーションと密接に関連していると指摘している。Morrisonは，特定の目的地やその目的地内の個々の業者によって提供されるサービスを利用する顧客層が，既存のあるいは潜在的な顧客たちが抱く目的地に対するイメージを左右し，また他の既存顧客たちの観光体験への知覚品質と満足度に直接影響するために，観光業者は異なる顧客セグメント間の互換性（両立）問題を常に考える必要がある，と主張している。

また，Pearce (2005) は，国際観光客の体験における「関係性」に関する議論の中で，文化が異なる他の旅行者との社会的相互作用における様々なメリットとデメリットに注目しているが，そこでの地理的観光セグメント間の非互換性の問題に明示的ではないが言及している。顧客の相互作用が，目的地と目的地における個々の業者によって提供されるサービスに対する満足度に影響を及ぼすことがあるため，これらの問題は，観光地全体の関係者および観光地内の

---

4) 本章では「観光地」，「目的地」，「デスティネーション」を併用して，類義語として使用している。

個々の事業者にとって関心事となる。

　Pearce（2005）は，旅行者が観光体験において出会う人々を，1）様々な役割を持った「本人」，2）他の旅行者，3）受け入れ先（ホスト），の3つの主要なカテゴリーに分類している。このうち，「他の旅行者」カテゴリーは，見知らぬ人，家族，友人に分けられ，さらに「見知らぬ人」は，1）旅行者本人に似たような，馴染みのある他人，2）まったく知らない人（赤の他人）の2種類に分類される。「受け入れ先（ホスト）」カテゴリーは，1）サービス担当者と2）地域社会に細分される。「他の旅行者」のサブカテゴリに関しては，内集団と外集団の概念を用いて，観光客を内集団と外集団に分類している（Pearce 2005）。

　旅行者間の相互作用の文脈において有用な1つの関連した分析概念は，「馴染みだが直接は知らない人」，すなわち旅行中，交通機関や空港等の待合室などにおいての近くにいるため顔みしりになる初対面の旅行者である（Pearce 2005）。

　Yagi（2001）は，「まったく知らない人」として外国人すなわち外集団と規定し，一方で，同じ国籍の知己ではない旅行者（すなわち，内集団の旅行者）と規定して，上述の「馴染みだが直接は知らない人」という概念を国境をまたぐ観光の文脈で拡張している。

　複数の研究者（Dann and Phillips 2001, Guthrie and Anderson 2007, Reichenberger 2014, Yagi 2001, Yagi and Pearce 2007）は，観光客－受け入れ先（ホスト）の相互作用に関する研究はかなり多いが（Ward and Berno 2011参照），観光客と観光客との相互作用とその目的地での観光体験への影響についてはほとんど研究されていないと指摘している。Reichenberger（2014）は，来訪者の体験が物理的環境，製品とサービス，社会的側面によって影響を受けるが，「見知らぬ」来訪者間の社会的相互作用のトピックは，観光研究の分野ではずっと無視されてきたと主張している。Yagi（2001）は，観光客が他の観光客をどのように認知するかについての学問的研究の欠如を指摘している。また，この「認知」は観光客の間接的および直接的相互作用の結果として捉えることができ，認知が観光客の目的地での体験に影響するのかという研究も少ないとしている。

　まず，国際観光における観光客と観光客の相互作用と観光客間の認知に関する文献をレビューする。

3 先行研究レビューと研究課題

　Yagi（2001）は，他の観光客との関係や遭遇は，直接的個人的な（すなわち，つきあいとしての）接触か，あるいは他の観光客の存在が単に観光体験の背景を形成するだけの間接的で匿名の接触のいずれか一方で構成されると述べている。国際観光の文脈では，他の「見知らぬ」観光客を知覚するということは，より表面的で匿名性の高い（間接的な）相互作用か，他の「見知らぬ」観光客との現地でのより個人的（直接的な）相互作用の結果であると考えられている。他の観光客との相互作用は，間接的な相互作用に限定されるか，あるいは間接的と直接的な相互作用と組み合わせるかのいずれかとなるだろう。これらの相互作用は，否定的・中立的そして肯定的なものを含み，数の限られた，特定の国の観光客との相互作用体験を通じて彼らを当該国の代表とみなし，その国の観光客全体のイメージを作り上げることがある。図7-1は，先述の概念モデルの構成要素の関係を要約したものである。このモデルでは，他の「見知らぬ人」の存在が，目的地での体験の包括的な評価（満足あるいは不満足）の一要因となると仮定している。

　国際観光において，観光客間の社会的相互作用や「見知らぬ」観光客の旅行者間の認知の研究は十分ではないが，Yagi（2001），Yagi and Pearce（2007），とReichenberger（2014）は例外と言える。

　Reichenberger（2014）は，以前からの知り合いではない観光客間の個人的な社会的相互作用に関する半構造化面接をニュージーランドを訪問中の76人のバックパッカーに対して行い，深い相互作用が旅行体験に肯定的な影響と満足度を与える傾向があることを発見している。Reichenbergerは，この研究の調査対象者たちの大半が，旅行者間の相互作用を肯定的にとらえていたと報告している。

　Yagi（2001）は，日本人とアメリカ人の旅行者によって書かれたネット上の紀行文の内容分析を行い，それぞれ他の旅行者に対して異なる認識を持っていたとしている。日本人が他の旅行者を描写する場合，日本人と非日本人を明確に区別し，他国の旅行者よりも日本人旅行者により直接的にコンタクトしようとする傾向がある。対照的に，アメリカ人は，非アメリカ人旅行者に進んでコ

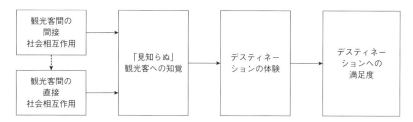

図7-1 観光客間の社会的相互作用と国際観光地の体験と満足度への影響

ンタクトしようとする。

Yagi and Pearce (2007) はオーストラリアを訪れた409人（西洋人208人と日本人201人）の観光客を対象に2種類の民族（白人とアジア人）の写真をどのように認識したかを比較して，調査した。日本人はアジア人よりむしろ白人を好む傾向があることに対して，西洋人はアジア人や白人のどちらにも強い好みを示さなかった。

これらの研究は，国際観光における旅行者間の相互作用や「見知らぬ」旅行者に対する認知について貴重な洞察を提供しているが，いくつかの限界もある。Reichenberger (2014) の研究は，ニュージーランドの国内旅行者を含んでおらず，国内旅行者と海外旅行者の比較はなされていない。加えて，インタビューされた旅行者のタイプは，若い独身者（66％），ヨーロッパから来た長期旅行のバックパッカー（72％）で，オーストラリア・オセアニア出身者は7％であった。これは結果的に強い欧米の文化バイアスを生じさせており，バックパッカーに典型的な旅行者間の個人的相互作用だけをとりあげるという限界がある。

Yagi (2001) は紀行文を分析したが，1) 実際の観光体験の中でのデータは集められなかった，また，2) サンプルが自分たちの体験についての紀行文を書くような旅行者のタイプに限定されてしまうという問題が生じた。Yagi and Pearce (2007) は，研究のために加工された画像を用いたが，それで実際の体験を測定できたわけではない。加えて，加工された画像の中の旅行者は，国籍をはっきりとは特定できるものではなかった。

加えて，Yagi (2001) は，日本とアメリカの旅行者の違いを検討したが，彼女の研究を他の国籍の旅行者に一般化することはできない。また，Yagi and

Pearce（2007）は，日本と欧米の旅行者の違いを研究したが，その研究成果を日本人以外の国籍の旅行者にそのまま適用することはできない。

Yagi（2003）は，Yagi and Pearce（2007）で報告されたものと同じ研究を扱っていたが，日本人の旅行者は，オーストラリアでは西欧人を見たいと普通に期待することや，研究のロケーションが，日本人の反応の結果に影響を及ぼしているとし注意を促している。また彼女は目的地がアジアの国であった場合，日本人の反応は全く違ったものになる可能性を指摘している。最後に，Reichenberger（2014）による研究とは対照的に，Yagi and Pearce（2007）は非－個人的，すなわち間接的な形での相互作用のみを測定している。

このように，異文化間観光客の相互作用や知覚の性質，観光体験の評価に対する他の「見知らぬ」旅行者の影響，そしてこれらのタイプの評価に対する目的地タイプや活動タイプの影響に関する多くのことが未だ解明されていない。

本研究の目的は，Yagi（2001）と Yagi and Pearce（2007）の研究を踏まえつつ，これらのギャップを部分的に埋めることである。この調査では，同国人旅行者（内集団）および他の外国人旅行者（外集団）に対する認識が観光体験への評価をいかに左右しているか，あるいは日本人と西洋人の違いがあるかどうかについて検討している。より具体的には，以下のリサーチクエスチョンで明らかにする。

> *RQ 1:* 内外集団からなる「見知らぬ」観光客が観光体験を評価する際に影響を与える場合，日本人と西洋人の観光客に違いは存在するか。
> *RQ 2:* 内外集団の「見知らぬ」観光客に対する言及の仕方や頻度に日本人と西洋人の観光客に違いが存在するか。

4 研究方法とデータ

● 4.1 デスティネーション（観光地）の選択

Yagi（2001）と Yagi and Pearce（2007）は，日本以外の旅行先で日本人と欧米人の観光客を対象とした研究を行った。これらの研究を拡大するために，本研究では，欧米人とアジア人の観光客に人気のある日本国内の観光地で，「見

知らぬ」観光客に関する日本人と西洋人の観光客の認知を比較することにした。さらに，Yagi and Pearce（2007）とは異なる観光地と活動のタイプを選択した。

本研究ではニセコスキーリゾートを調査場所として選んだ。同リゾートはもともと主に日本のスキーヤーを対象にしていたが，1990年代初めに国内スキー人口がピークに達した後は衰退しはじめた（Foster 2011）。ニセコはその後，少数のオーストラリア人スキーヤーによって改めて見出された。彼らの口コミと，オーストラリアのスキー誌『スノー・アクション』に1995年に掲載された，ニセコの上質なパウダースノーを称賛した記事とが重なることにより，2000年代の前半にはオーストラリア人スキー客の数が着実に増加した（広田 2015）。このことは，オーストラリアの不動産投資家たち（多くはスキーヤーであった）や旅行代理店の注目を集め，これがスキーリゾートとしてのニセコの活発なプロモーションの出発点となった。

2007年以降は，香港，中国，シンガポール，タイおよびその他のアジア諸国からの観光客の急増が見られる。加えて，ヨーロッパや北米のスキーヤーの間でニセコのパウダースノーに対する関心が高まり，それらの地域での近年の雪不足も手伝って，ニセコにこれらの地域からのスキーヤーが激増することとなった（Foster 2011）。

これらの発展により，ニセコにおける主要なターゲット顧客層が，日本人客から，オーストラリア人客さらには，アジア，北米，ヨーロッパからの訪問客へとシフトすることとなった。このように，ニセコスキーリゾートは，日本の旅行者セグメントを含んだ地理的セグメントによる内外集団の観光客によって構成された観光客間の相互作用と認知に関する研究を行う適切な環境であると言える。

● 4.2　調査方法とサンプル

本研究は，国内外のスキー客の知覚と全体的な観光体験の評価を研究した調査の一環として実施された（詳細は，後藤他（2016）を参照）。調査のアシスタントが，2015年1月6日から9日にニセコスキーリゾートを形成する4つの異なるスキー場で日本人と欧米人のスキー客に個別に声をかけてアンケートへの記入を依頼した。その結果，合計364の有効回答を得た。

アンケートは，スキーリゾートに対する満足と不満の広範な原因に関する回答者のフィードバックを測定できるように設計された。アンケートには，居住国を含む基本的な質問に加えて，いくつかの自由回答による一般的な質問が含まれている。これらの自由回答式質問には，1) 観光客の現在の滞在中に印象に残ったことに関するもの，2) 回答者が期待していたものとは異なるもの，3) 滞在中に調査対象者が何か問題を体験していたかどうか，または改善・変更してほしいことがあるかどうかといった設問が含まれていた。

アンケート調査では特定のトピックに向けて回答者を誘導しないように，他の観光客の認識についての具体的な質問は行わなかった。そうすることによって，回答者が自発的に回答しようとする重要で顕著なトピックを把握することが可能になった。回答者は，満足と不満の両方の原因を指摘したが，本論文では，他の観光客に対する意識，直接的，間接的な観光客間の相互作用，および観光地の認知された混雑度に関連する回答にのみ焦点を当てる。

合計 364 の有効な回答者の出身国および各人数は次の通りである。オーストラリア (151)，日本 (115)，香港 (24)，ヨーロッパ (29)，北米 (14)，ニュージーランド (11)，シンガポール (8)，中国 (4)，韓国 (3)，台湾 (2)，その他 (3)。また，調査対象者の性別は男性 52%，女性 48% だった。

サンプルには，北米，ヨーロッパ，ニュージーランド在住の多くの欧米人が含まれていたが，オーストラリアの回答者の数ははるかに多かった。そこで国籍に基づく有意義な定量分析を行うために，オーストラリア人以外の西洋人をサンプルから除外した。分析の対象となった最終的なサンプルには，151 人のオーストラリア人と 115 人の日本人訪問者からの有効回答が含まれていた。また，定性的分析には，他国からの調査対象者の回答も含めた。

● 4.3 分析方法

回答は自由回答による定性的データであるが，定量分析を可能とするため，内容分析を用いて，回答者コメントをカテゴリーごとにコーディング（振り分け）する。具体的には，回答者が内集団（回答者と同じ国の観光客）および外集団（他の国の観光客）であるかに応じて，コメントをコーディングした。

アシスタントが，日本語と英語のアンケートで収集した手書きの回答をデー

タベースに登録した。元の記述が手書きであり間違いが発生しやすくなるので，元のアンケートと照らし合わせて入力されたデータベースをチェックし，誤りを修正した。

回答者が同じ国籍の人や異なる国籍の人を含む他の「見知らぬ」観光客に言及したときには，自由回答の結果を該当するカテゴリーにコーディングした。

以下では，定量的分析の結果，すなわち，同じまたは他の国籍の「見知らぬ」観光客に対して，肯定的，否定的または中立的に言及している日本とオーストラリアの回答者の割合を最初に提示する。次に，日本とオーストラリアの回答者を比較するためにカイ二乗検定の結果を示す。

最後に，データのより深い解釈を可能にするために，日本とオーストラリアの回答者の代表的なコメントに加えて，サンプルの他の国の回答者からの代表的なコメントの定性的分析結果も示す。

5 調査結果

● 5.1 定量分析

まず，自由回答のコメントから，日本とオーストラリアの回答者と同じ国籍の観光客と異なる国籍の観光客への言及を集計した。ただし，本研究では，'0' または '1' で言及数を数えている。これは，回答者が内集団の「見知らぬ」観光客を複数回，または複数の質問にまたがって言及したとしても，これは1つの言及としてカウントされたことを意味する。また，自国と異なる出身国の観光客への言及もこれと同じ方法で数えた。したがって，分析は，「見知らぬ」観光客の各タイプへの言及頻度（またはその強度）を表すものではない。オーストラリアと日本の回答者の各内集団および外集団構成員の言及頻度を比較し，カイ二乗検定を行った。結果は表7-1を参照されたい。

オーストラリア人回答者の8%が，外国人（すなわち，外集団の構成員）に言及したのに対して，同様の言及をした日本人の割合は44%に上っている。この差は，1%レベル（$\chi^2 = 47.8566$, $p = 0.000$, $df = 1$）において統計的に有意であった。対照的に，オーストラリア人の13%はオーストラリア人（すなわち，内集団の構成員）について言及し，一方日本人の3%は日本人について言及し

表 7-1　回答者の内集団および外集団構成員への言及における要約統計

	内集団		外集団	
	件数	比率	件数	比率
オーストラリア人 (n = 151)	20	13	12	8
日本人 (n = 115)	4	3	51	44
カイ二乗検定結果	χ^2 = 7.5863, p = 0.006, df = 1		χ^2 = 47.8566, p = 0.000, df = 1	

ている。その差は1%レベル（χ^2 = 7.5863, p = 0.006, df = 1）で統計的に有意であった。表7-1には示されていないが，11%のオーストラリア人はオーストラリア人の多さについて否定的な言及をしている。

次のセクションでは，日本とオーストラリアの回答者，およびサンプルの他の国の回答者からの代表的なコメントを紹介し，それらを解釈することによって定性分析を行う。

● 5.2　定性分析
(1) 日本人回答者

日本人回答者の多くは，疎外感や不快感，ニセコにいながらも日本にいないかのように，外国人観光客や外国語の存在に圧倒されているという感情を表明していた。

- 外国の方が多すぎる。音声や表示も外国語が普通。
- 13年前に訪れたときは，ほぼ日本人だけだったが，今回，こんなに外国人の町になっているのに驚いた。
- ここは日本ではない。

対照的に，日本人のごく少数派ではあったが，ニセコでの外国人や外国のような雰囲気について明白かつ前向きな姿勢を示していた。

- 外国の雰囲気があり良かった。

ある回答者は，ニセコの国際的な雰囲気をあげ，それが訪問者にとって好影響かつ良い刺激を与えているとしていた．

- 日本人だけでなく，様々な国の人がたくさんいて，にぎやかな印象．

もう1人の回答者は，ニセコの関係者がターゲット顧客として日本人を無視していることに失望を表明していた．

- 外国人観光客（スキー）がとても多い．飲食店などでは，日本人を客として想定していないと思われる店も多く，少し困惑した．

別の回答者は，観光地に顧客として無視されているという感覚に共感し，また訪れている外国人観光客の多くは日本の習慣や慣習に適応する意欲に欠けていると指摘する．

- 外国人観光客の多さ．インバウンドに力を入れているが，もう少し，地元や国内の観光客にも目を向けてほしい．特にヒラフ地区が英語ばかりで，もう少し，日本人観光客についてもてなす努力があっても良い．外国人の方々は，異国に来ているという意識付けをもって日本に来てほしい．マナーが良くない（一部ですが…）．

もう一人の日本人回答者は，外国人に近づきにくいと感じているという．その原因は，自分の外集団の構成員と話すことをためらう気持ち，または自分の外国語のスキルに対する自信の欠如のためであると思われる．

- スキー場において，どこのゲレンデを降りたらわからなくなった時，日本人をさがせなかった．

もう一人の日本人回答者は日本人の来客数を増やし，外国人来客数を減らす必要があると指摘している．

- 外人が多くて日本人が少ないのが残念。

一部の回答者は外国人観光客の流入の結果としてニセコが混みあっていることに言及している。

- 外人さん増えすぎて，リフト待ち長くなった。お店もいっぱい。

ある日本人回答者は，オーストラリア人が経営するスポーツショップが日本人を潜在的顧客と見なさないという印象を述べている。加えて，外国人ウィンタースポーツ客のマナーの欠如が不満の源であるといった認識を示している。

- スポーツ店で日本語が通じない。支払いがドル。「英語の」ネイティブ「スピーカー」のスキーヤー，ボーダーのマナーの悪さ。

日本人の回答者の中には，中国人観光客の多さ，およびこれらの観光客のマナーの欠如や習慣が異なることを問題視していた人が何人かいた。

- 白人以外，中国人も多いと感じた。
- 中国人のマナーが悪い。大きな声でしゃべる。温泉の入り方（ホテルも注意しない）見て不快になる…。
- 中国人の人がふろにバスタオルを湯ぶねに入れてそのまま出ていったこと。中国人の人がホテルの中をパジャマで歩くことが気になった。
- HANAZONO のトイレが以前と比べ汚かった。外国人が増えた（最近はアジア系も）ことが影響していると思う。

ある回答者はニセコに多くの外国人観光客がいるためにリラックスすることができないとコメントし，通りや歩道を利用する際の外国人観光客の習慣やマナーの違いによる不安感を指摘する。

- 外国人が多い。のんびりできない。外国人の歩行マナーが悪い。車を運

転していて、こわい思いをした。

他方、ある日本の回答者は、外国人観光客のマナーが良いと感じていると答えた。

- 外国人観行の方が多いです。会ったり見た方は、マナーが良い方ばかりでした。地元の方や観光の方含め、とてもゆとりとモラルが有ります。

(2) オーストラリアの回答者

多くのオーストラリア人回答者は、日本のサービスプロバイダーの多くが提供する典型的なおもてなし、すなわち日本人スタッフの丁寧さと親しさに非常に満足していた。しかし、多くのオーストラリア人は、ニセコにおける自国客の多さと日本人の数の少なさは本物の日本文化体験を阻害していると感じる。

- （観光地は）とてもきれいで、心地よい、フレンドリーで親切な日本人スタッフ。あまりにも多くのオーストラリア人。日本の地元の人や日本人観光客は少ない
- ニセコにきたのは4年ぶりですが、（以前きた時と比べて）今は日本文化が少なく、オーストラリア人が増えています。とても残念です！
- あまりにも多くのオーストラリア人。最初の訪問で、私たちはどのくらい多くのオーストラリア人がこの地域を頻繁に訪れたか気づいていませんでした。

ある回答者は、多くのオーストラリア人の悪いマナーに言及していた。

- たくさんのオーストラリア人がいること（しかも無礼な人が多いです！）。

多くのオーストラリア人は、「外国人」、「観光客」、または「英語圏の人」に言及していた。しかし、これらの言葉に「オーストラリア人」が含まれているかどうかは明確ではない。

- ニセコ周辺に外国人が多いです。
- 英語圏の観光客が多いです。

一人はヨーロッパからの客の数多さに驚いていた。

- ここにいるヨーロッパ人の多さに驚いています。

もう一人のオーストラリアの回答者は，中国人訪問者の数が増加していると指摘していた。

- 中国人が増えています。

あるオーストラリア人は，日本の温泉での行動規則に精通しており，外国人の利用者の行動規範違反を指摘し，違反の処罰の必要性まで示唆していた。

- 規則に従わない観光客には，罰金を科すべきです。私は，温泉で写真を撮っている二組に出くわしました。これらの人々は規則を尊重していません！

最後に，オーストラリア人の回答者の中には，ニセコの関係者がオーストラリアの観光客の数を抑える必要があり，より多くの日本人観光客を引き付ける必要があると述べている。これは，オーストラリアの観光客の間でも，よりバランスのとれた顧客構成の必要性が認識されていることを示唆している。

- ニセコはオーストラリア人の訪問者数を減らす必要がある。
- 日本人のスキーヤーにニセコを訪れるように勧めてください。

(3) その他の国の回答者

以下は，オーストラリア以外の国（他のアジア諸国を含む）の回答者が挙げた印象に残った事に関して代表的なコメントを示している。なお，各コメント

の後のカッコ内に出身国を示している。

- オーストラリア人，中国人がとても多い。（カナダ）
- 外国人が多い。（ノルウェー）
- （ニセコは）とても観光地っぽく，日本らしくありません。（イギリス）
- 西洋人観光客は非常に多い。（シンガポール）
- ニセコは素晴らしい場所ですが，混雑しており，オーストラリア人が多すぎます‼（エクアドル）

以下は予想していたものとは異なる代表的なコメントである。

- 多くのオーストラリア人がニセコを訪れていることに驚いています。（カナダ）
- 非常に多くのオーストラリア人がいるとは思っていませんでした。（ノルウェー）
- こんなに多くのオーストラリア人がいるとは思っていませんでした！：（(＝「幸せでない」絵文字)。（スイス）
- 今回は中国人観光客が増えている（2012年の第1回訪問と比較して）。（イギリス）
- オーストラリアよりも，シンガポール，香港からの来場者がいることに驚いています。（中国）
- ニセコ周辺には外国人がたくさんいます。（香港）
- 外国人はあまりにも多く，この場所は日本の文化的アイデンティティを失っている。（シンガポール）
- ニセコはオーストラリア人でいっぱいです。（台湾）

以下では，回答者を困らせていること，または，改善・変更してほしいことを挙げている。

- オーストラリア人は日本への入国を禁止すべきだと思います。［彼らは

日本文化を台無しにする。（ニュージーランド）
- 日本語は難しいが，習うことが楽しい！　日本人はあまりいないので，日本語を練習する機会が乏しいのが残念です。（スイス）

6 ディスカッション

● 6.1　理論的示唆

　この調査は，観光サービス・エンカウンターにおける異文化間の顧客対顧客相互作用に関する研究に寄与するものである。ここでは，ある条件の下では，観光客は，同国人（「身近だけど」知らない）と異国人（「完全に」知らない）の両方の「見知らぬ」観光客を明確に認識する傾向があることが見出された。

　この研究は，日本人と欧米人の観光客の中での内集団と外集団との社会的相互作用と内外集団の認知に関する研究（Yagi 2001, Yagi and Pearce 2007）に立脚するが，異なるタイプの目的地と活動に範囲を拡大している。

　さらに，本研究は，多様な国籍の顧客セグメントを引きつける観光客間の相互作用と動態に関する課題も採り上げている。それは，セグメント間のちがいと数的なかたよりが，他国籍の顧客の目的地での旅行体験やそれに対する満足度に影響を与えていることを示している。

　本研究の結果は，外国人観光客（セグメント）の存在感が過度になると，国内観光客（セグメント）の目的地に対する不満の増大につながる可能性があることを示唆している。海外客が数の上で支配的になると，国内客の間に自分たちの「縄張り」が外国人観光客に「侵略されている」，「乗っ取られている」といった認識を作り出し，不快感や，場合によっては怒りすら生み出す可能性がある。この調査では，多くの日本人客がニセコの外国人観光客の多さに驚きやショックを感じていることがわかる。日本人回答者による外国人に関するコメントの多くは，やや否定的か，あるいははっきりと否定的な内容だったと言えるであろう。この現象は，Furnham and Bochner（1986）が提唱した状況と似ている。そこでは，外国人観光客が過半数となり，ホスト（地元民）が少数派になってしまい，観光客が土着の文化を変化させてしまうことによる「カルチ

ャー・ショック」を引き起こす。ただし，ここで Furnham and Bochner（1986）が記述している状況と異なるのは，日本人観光客は厳密に言えば観光地の「ホスト」ではなく「ゲスト」であるということであろう。さらに，日本人客と同様に，他の外国人スキーヤー（回答者の 14％）も，オーストラリア人や他の欧米人が多いことを，全体的な体験に対する満足度に影響するマイナスの要因として認識している。ニセコの状況は，また，Stauss and Mang（1999）が報告している米国のテーマパークへの異なる国からの訪問者間で起こる相互トラブルを想起させる。Stauss and Mang（1999）は Furnham and Bochner（1986）に基づいて，この現象を「カルチャー・ショック」と呼んでいる。

一方，オーストラリア人客の一部でさえ，オーストラリア人たちの圧倒的存在を，観光体験のネガティブな側面として認識していた。したがって，外国人訪問者セグメントが支配的である状況はまた，支配的な外国人セグメントを構成する人々の間での不満を引き起こす可能性がある。さらに，外国客の多さ，国内客の少なさ，外国語，外資系の店舗，および非日本人従業員を重視し過ぎていることが，その観光地に「文化的な正統性」（cultural authenticity）が欠けていることと判断されることにつながりかねない。実際，多くのオーストラリア人客は，ニセコのリゾートが「日本性」に欠けていると感じていることがうかがえる。

本研究は，Yagi（2001）と Yagi and Pearce（2007）の，日本人は（内集団の構成員内）と外国人観光客（外集団の構成員）とを明確に区別する傾向があるという研究結果を裏付けている。実際，日本人の回答者は，オーストラリア人の回答者よりも，外国人観光客のほうが多いと言及しており，この差は統計的に有意であった。対照的に，オーストラリア人の回答者は，日本人の回答者よりも頻繁に彼らの内集団の構成員（すなわち，オーストラリアの観光客）に言及しており，この差も統計的に有意であった。

日本人とオーストラリア人の文化的な違いが，本研究の所見を部分的に説明することができると思われるが，調査結果は，文化的差異以外でも 2 つの状況要因によっても影響を受けていることを示唆している。1 つ目の状況要因として本調査は日本国内の観光地で行われたことが挙げられるであろう。また，2 つ目の要因として外国人（日本人の視点から）とオーストラリア人（オースト

ラリア人視点)の観光客が目的地に多く滞在していたことであろう。

　日本人観光客が,間接的な接触をしているときに(民族的)外見に基づく内集団の構成員が優先されるというYagi (2003)の所見は,本研究の知見からは支持されていない。今回の日本人回答者のコメントは,主に間接的な出会いに言及しているものの,観光地では外集団の人々(外国人)よりも内集団(日本人)の人が周りにいることを好む傾向があることを示唆している。これは,日本人がYagi and Pearce (2007)が報告したように,内集団(アジア人)よりも外集団(白人)を好むという所見とは逆の傾向である。このような観光地における日本人の外国人好きは,日本人が国内旅行をする場合,また自分たちよりも外国人観光客が多い状況には当てはまらないと思われる。また,今回の日本人のコメントの内容は,主に間接的な出会いを想定しているため,日本人観光客の内集団に対する偏見も直接な出会いのみならず間接的な出会いにも当てはまるようである。

　また,Yagi and Pearce (2007)が報告した,欧米人が内集団または外集団のいずれの構成員にも強い好みを示さないという結果も,今回の調査結果では支持されなかった。本調査では,オーストラリア人の中には,むしろ他のオーストラリア人の存在を好ましく思わず,内集団のオーストラリア人よりむしろ外集団である日本人との交流を好む傾向が見られた。さらに,オーストラリア以外の一部の欧米人は,オーストラリア人を外集団とみなし,その存在は頻繁に否定的に認識されていた。

　Triandis (1995)によれば,集団主義の文化の構成員(例えば,日本)が,個人主義の文化(例えば,オーストラリア)の構成員より自分の所属する集団(内集団)と所属しない集団(外集団)を明確に区別することを示唆している。内集団と外集団を区別する際の異文化間の違いの問題は,国際観光の文脈では十分に研究されていない。本研究における日本人とオーストラリア人の回答者は,同じように内集団と外集団を定義,認知しているかどうかは不明である。

　今回の調査ではグレーターチャイナ(中国,香港,台湾)の回答者数は少なかったが,彼らはグレーターチャイナからの他の観光客(内集団)に言及していないが,オーストラリア人と欧米人(外集団)の数の多さに言及する傾向を示した。欧米人回答者はオーストラリア人の数に言及するだけでなく,「外国

人」,「中国人」,「日本人」,「アジア人」という言葉を使っていた。しかし,欧米人が「外国人」という言葉を使うとき,自分たちのことも含めて指しているのか,あるいは日本人と他のアジア人を含めているかどうかは明らかではない。さらに,欧米人の回答者が,他の欧米人を内集団または外集団に属するとみなしているのか,あるいはそもそも内外集団といった概念を使って物事を考えているかどうかは不明である。この点は,さらなる研究によって明らかにする必要がある。最後に,サンプルでオーストラリアや日本以外の国からの観光客の数が少なすぎるため,内外集団の構成員の認識の違いについて,国ごとに明確な結論を導き出すことはできなかった。

また,日本人とオーストラリア人の回答者間の,自国の観光客と外国の観光客に言及する際の相違は,文化的な違いや,国内観光客対外国人観光客の違いによるものかどうかは不明である。おそらく本研究で得られた知見は,文化的要因と状況的要因の相互作用(交互作用)の結果であると思われる。

最後に,日本人が(他の)アジア人を彼らの集団の構成員として考えるというYagi (2003) による主張とは対照的に,本調査の結果は,日本人が他のアジア人を自分の外集団として認識し,特に中国の観光客に対してはそのような傾向が強いことを示している。

● 6.2 経営上の示唆

本研究の結果は,国際観光地の経営管理—特にニセコスキーリゾートの経営管理—へいくつかの示唆をもたらすものである。この調査は,観光客の間接的な社会的相互作用が,観光客の観光体験の全体的な評価において重要な要因である可能性を示している。つまり,観光地の経営者は,観光客の満足を充足するために国際的な顧客構成をどのように管理するかを検討する必要がある。日本人客からのコメントの多くは,ニセコが,比較的近年,ターゲット顧客を日本からオーストラリアへ移行したこと,ニセコがもはや世界的な観光地で,リゾート経営者は国内スキーヤーのニーズを軽視していると感じていることを示しており,日本人の不満が高まっていることを示唆している。その結果,国内客は,ますます「ニセコ離れ」,すなわち日本人客がスキーをする場合,ニセコではなく他のスキー場を選ぶことが増えていると言われている。しかし,この

日本人客の「ニセコ離れ」現象こそがパウダースノーのみならず，日本文化の体験や日本人との交流（社会的相互作用）もますます求め始めているオーストラリア人やそのほかの外国人訪問者にはマイナスの要因になっているようである。

以上を踏まえると，他国の顧客セグメントを疎外する可能性があるため，特定国の顧客セグメントがマジョリティとなることは避けることが望ましいと思われる。ニセコの場合は，オーストラリア人，日本人，その他の西洋と東洋の旅行者間の適切なバランスを保つことが重要であることも明らかであろう。なぜならば，オーストラリア人は，日本の観光地では日本人観光客と直接的または間接的な交流（社会的相互作用）を望み，一方，日本人客は国内観光地では外国人観光客に圧倒されたくはなく，外国語を優先されることを望んでいないからである。

さらに，中国人観光客の急増も，一部の日本人とオーストラリア人の観光客に問題視され始めているようである。顧客ミックスのバランスが崩れれば，日本人顧客はその観光地を避ける可能性があり，その結果，外国人顧客にとってその観光地は日本の旅行体験としての「本物感」を失いかねず，不満の原因となる。したがって，この悪循環は回避されるべきものであろう。観光地は，外国人の顧客に「本物の日本」とみなされるためには，日本人観光客や伝統的な和文化の体験，伝統的な工芸品等の存在が不可欠である。

最後に，昨今の世界的な経済危機や金融危機，激しい為替変動，パンデミックや自然災害などの制御不能な外部要因を考慮するとインバウンド顧客への過度の依存度より，日本と世界の観光客のバランスのとれた顧客ミックスの方が，経営者にとって賢明な戦略であろう。

7 本研究の限界と今後の課題

上述したとおり，本研究でいくつかの所見が得られたものの，いくつかの限界もある。例えば，本研究では，スキーリゾートでの観光客の相互作用の認識を検討した。したがって，本研究の所見を他の観光活動に一般化することはできない。さらに，ニセコのリゾート地の状況は，特定の外国（この場合はオー

ストラリア）の観光客セグメントの存在が圧倒的である（すなわち顧客ミックスが不均等である）ため，極端でユニークなものだったかもしれない。つまり，この調査の結果は観光地ごとに異なる場合が充分考えられる。しかし，他の国際的な観光地でも同様の不均衡な顧客ミックスとなっており，同様の問題が発生する可能性が充分にあるであろう。

さらに重要な注意点は，今回の調査期間が短期間であったため，ニセコのリゾート内の顧客ミックスの一時的な「スナップショット」に過ぎない可能性もあることである。スキーシーズンの異なる時期の同リゾートの顧客構成は変動する可能性があり，これは訪問者の各国籍間の相対的密度に対する顧客知覚に影響を与えると思われる。

さらに，この調査では主に日本人とオーストラリア人の訪問者を比較したが，統計的に検証可能な認識を他国の訪問者を対象に実施できなかった。さらに，調査は探索的で自由回答式であったため，回答者に他の観光客の認識について具体的な手がかりを与えなかったし，これらのトピックに関する特定の質問も含めなかった。また，他の観光客の存在が観光地への満足度に与える影響を測定するための尺度スケールによる質問項目は含まなかった。したがって，本研究で用いた構成概念を定量的に測定するフォローアップ研究，他のタイプの観光地における研究，およびより多様な異文化間の顧客ミックスをサンプリングする研究が求められている。最後に，観光体験の各側面間のリンクのより深い記述とより良い理解を可能にするために，観光客との現地におけるより詳しいインタビューを行う必要がある。

参考文献
[欧文文献]
Bitner, M. J., Booms, B. H. and Tetreault, M. S. (1990) "The Service Encounter: Diagnosing Favorable and Unfavorable Incidents," *Journal of Marketing*, 54 (1), : 71-84.
Dann, G. and Phillips, J. (2001) "Qualitative Tourism Research in the Late Twentieth Century and Beyond," in Faulkner, B., Moscardo, G. and Laws, E. eds. *Tourism in the Twenty-First Century: Reflections on Experience*, London: Continuum, pp.247-265.
Foster, M. (2011) "China's Growing Clout Felt in Niseko," *The Japan Times*, March 9,

(accessed March 10, 2011), [available at http://www.japantimes.co.jp].
Furnham, A. and Bochner, S. (1986) *Culture Shock: Psychological Reactions to Unfamiliar Environments*, London: Methuen.
Grove, S. G. and Fisk, R. R. (1997) "TheImpact of Other Customers on Service Experiences: A Critical Incident Examination of "Getting Along," *Journal of Retailing*, 73 (1), : 63-85.
Guthrie, C. and Anderson, A. (2007) "Tourists on Tourists: The Impact of Other People on Destination Experience," in Tribe, J. and Airey, D. eds. *Tourism Research: New Directions, Challenges and Applications*, London: Elsevier, pp.143-154.
Lazarevski, K. and Dolnicar, S. (2008) "Tourist Segment Compatibility," *Proceedings of the Australian and New Zealand Marketing Academy (ANZMAC) Conference 2008*, Sydney, 1-3 December 2008.
Miao, L. and Mattila, A. (2013) "The Impact of Other Customers on Customer Experiences: A Psychological Distance Perspective," *Journal of Hospitality & Tourism Research*, 37 (1), : 77-99.
Miao, L., Mattila, A. and Mount, D. (2011) "Other Consumers in Service Encounters: A Script Theoretical Perspective," *International Journal of Hospitality Management*, 30 (4), : 933-941.
Morrison, A. M. (2002) *Hospitality and Travel Marketing* (3rd edition), New York: Delmar Publishers Inc.
Nicholls, R. (2011) "Customer-to-Customer Interaction (CCI): A Cross-Cultural Perspective," *International Journal of Contemporary Hospitality Management*, 23 (2), : 209-223.
Pearce, P. L. (2005) "The Role of Relationships in the Tourist Experience," in Theobald, W. F. ed. *Global Tourism*, Burlington, MA: Elsevier, 103-122.
Praet, C. L. C., Gotoh, H., Miyazaki, Y., Lee, J. and Wang, L. (2015), "Familiar and Total Strangers: An Exploratory Study of In-Group and Out-Group Perceptions among International Ski Resort Visitors," in: Ono, A. Kikumori, M. and Takeuchi, R. eds. *Emerging Trends in Asian Markets, Proceedings of the 2015 International Conference of Asian Marketing Associations*, Tokyo, Japan: Japan Society for Marketing and Distribution, pp. 120-135.
Reichenberger, I. (2014) "Social Interactions Between International Visitors in New Zealand: Contacts, Processes and Impacts," doctoral dissertation, Victoria University of Wellington.
Ritchie, B. J. R. (1977) "Developed, Developing Nations Share Many Tourism Problems," *Marketing News*, 10 (17), : 1,6.
Shostack, G. L. (1985) "How to Design a Service," in Czepiel, J., Solomon, M. and Surprenant, C. eds. *The Service Encounter*, Heath, Lexington, MA, Lexington Books/D.C., pp.221-229.

Solomon, M., Carol, S., John, C. and Gutman, E. (1985) "A Role Theory Perspective on Dyadic Interactions: The Service Encounter," *Journal of Marketing*, 49, : 99-111.
Stauss, B. and Mang, P. (1999) "'Culture Shocks' in Inter-Cultural Service Encounters?," *Journal of Services Marketing*, 13 (4/5), : 329-346.
Triandis, H. C. (1995) *Individualism and Collectivism*, Boulder, CO: Westview.
Ward, C. and Berno, T. (2011) "Beyond Social Exchange Theory: Attitudes toward Tourists," *Annals of Tourism Rese arch*, 38 (4), : 1556-1569.
Yagi, C. (2001) "How Tourists See Other Tourists: Analysis of Online Travelogues," *The Journal of Tourism Studies*, 12 (2), : 22-31.
Yagi, C. (2003) "Tourist Encounters with Other Tourists," doctoral dissertation, James Cook University.
Yagi, C. and Pearce, P. L. (2007) "The Influence of Appearance and the Number of People Viewed on Tourists' Preferences for Seeing Other Tourists," *Journal of Sustainable Tourism*, 15 (1), : 28-43.

［邦文文献］
北中英明（2014）「サービス・エンカウンターにおける従業員に対する評価と顧客満足度の関係の分析」，経営情報学会　2014 年春季全国研究発表大会予稿集，青山学院大学，185-188。
後藤英之，宮﨑義久，プラート・カロラス，李濟民（2016）「北海道ニセコにおける観光地域研究―アンケートによる冬季観光動態調査」商学討究，67（1），303-326。
広田孝明（2015）『「ニセコ」から「NISEKO」へ』，北海道新聞，1 月 17 日，18 日，21 日連載記事，（2015 年 1 月にアクセス），[http://dd.hokkaido-np.co.jp]。
船津衛（2012）「相互作用」見田宗介編集顧問「現代社会学事典」弘文堂，814-815。

事項索引

alphabet

CCI（customer-to-customer interaction）　147
Center of Community: COC　i, ii, 79
ICT: Information and Communication Technology　40, 80
IoT（Internet of things）　1, 40
NAIC（Newly Agro-Industrializing Country）
OHR（Overhead Ratio）　56
RESAS: Regional Economy and Society and Analyzing System　83
ROA（Return on Asset）　56
ROE（Return on Equity）　56
SNS: Social Networking Service　95

あ行

安全性向上　38
安定生産　38
域内経済循環　79
磯野農場小作争議　131
一般貸倒引当金繰入額　54
インバウンド　iv, 125, 126
──観光　146
営業経費　53
エージェント　115, 119
──ベース・シミュレーション　iv
遠心力（経済発展）　8, 9
小樽　79
──港湾労働者争議　131
──市総合博物館　130

か行

外集団　145
外部環境変化　23
加工技術の高度化　39
加工組立型　3
──産業　8-10, 14, 16, 19
貸出金　46
株式会社十勝清水フードサービス　36
樺戸集治監　139
カルチャー・ショック　163
観光客　125-127, 129, 137, 142, 145
雁行形態論　9
観光体験　145
観光まちづくり　93
間接効果（経済活動）　10, 11, 14, 20
企業経営　26
規模の経済　24
キャッシュレス経済　95
キャッチアップ　9
求心力（経済発展）　8
休暇体験　147
競争優位　27
業務純益　54
業務粗利益　54
近代遺産　125, 126
金融仲介　43
クラスター　14
──理論　9
経営資源　10, 14
経常収益　53
経常費用　53
経常利益　53
経費　54
コア業務純益　55
工業化　ii
──の波及　2, 8, 9, 16
行動ルール（避難行動）　119
後発性利益　9
高付加価値化（農業）　23, 26
高齢化　23
子会社における専門化　39
互換性（セグメント間）　146
互換性管理　145
顧客ミックス　148

国際的競争環境　23
国債等債券関係損益　55
国内食市場の縮小　23
コスト・リーダーシップ戦略　27
コミュニケーション　94
コミュニティ　80
コンテンツツーリズム　126

さ行

サービス・エンカウンター　146
サプライチェーン　37
差別化　34
　——戦略　27
産業集積　10, 11, 13, 14
自給率（カロリーベース）　26
自給率（生産額ベース）　26
事業継続　23
事業再構築　23
資金運用　45
資金運用収益　53
資金運用収支　54, 29
資金調達　45
　——費用　53, 32
自己資本比率　70
自然災害　109
実質業務純益　55
自動車　3, 12, 13
　——産業　3, 9, 10, 14-16, 19
シビックプライド　88
社会実験　79
社会的相互作用　145
自由回答式アンケート　145
浄應寺（小樽市）　131, 132
情報通信技術　80
食料品　3, 5, 8, 16-20
　——産業　2, 16, 17, 19
事例分析　23
人口減少　23
スマートフォン　98
生産コスト低減　38
セグメント　146
世代間の継承（防災）　111
戦争遺産　135

早期肥育　36
相互作用（顧客間）　147
相互知覚　145
総資金利鞘　66
速度設定（避難行動）　119
その他業務収益　53
その他業務収支　54
その他業務費用　53
その他経常収益　53
その他経常費用　53

た行

ダークツーリズム　iv, 127-129, 137-143
多文化性（消費）　147
地〈知〉の拠点整備事業　i, 79
地域銀行　44
地域金融　iii
地域経済分析システム　83
地域資源　27
地域通貨　iii
地域通貨TARCA　79
地域内再投資力　85
地域防災　109
　——力の向上　111
地産地消　19
地方資源　17
　——型産業　3, 5, 19
直接効果（経済活動）　10, 19
地理的均衡成長　18
地理的セグメンテーション　148
津波被害想定　110
津波避難　109
　——行動　114
　——シミュレーション　115
　——タワー　114
　——ビル　112, 113, 115, 116
津波防災　109, 112
　——対策（北海道）　110
低価格　36
低コスト化　26
手宮地区（小樽）　130, 141
電子地域通貨　80
当期純利益　53

十勝清水農業共同組合　35
十勝若牛　36
　　　──生産組合　36
特定取引収益　53
特定取引収支　54
特定取引費用　53

な行

内集団　145
内発的経済発展　2, 15, 19, 20
内容分析　146
尼港事件　132, 141
ニセコ産農産物のイメージ　28
ニセコ産農産物の利用状況　28
ニセコ産農産物へのニーズ　28
乳牛の雄牛　36
ネットワーク　93
農業構造　23
農業生産基盤動向　24, 117
農業への自由な参入　23
農産物のブランド化　ii, 23
農林業センサス　24

は行

配送システム　35
パウダースノー　34
波及効果　11, 126
バリューチェーン　37, 127, 128, 137-143
バンドワゴン効果　11, 126
肥育コスト　36
東日本大震災　112, 114, 115, 134, 140, 141
ビジネスモデル　43
避難行動シミュレーション　112, 115, 131
　　　──分析　115
避難行動モデル　119, 121
非日本化（観光地）　v
標準化　36
品質向上　38

フィンテック革命　51, 140
ブランドイメージ　34, 134, 138
ブランド化　ii, iii
ブランド形成　38
ブランドストーリー　34
文化的な正当性　163
防災　iv
　　　──の特殊性（北海道）　109
北海道胆振東部地震　iv
北海道上川郡清水町　35
北海道東方沖地震　115
北海道ニセコ地域　28
幌内炭鉱　139
幌内鉄道　130

ま・や・ら行

まちづくり　82, 85
マルチ・エージェント・シミュレーション　115
役務取引等収益　53
役務取引等収支　54
役務取引等費用　53
遊郭　133, 134, 138
　　　──街　133
有価証券投資　47
郵送用機器　3
雪解け水　34
輸送用機器　4, 7, 10
　　　──産業　2
預証率　49
預貸金利鞘　66
預貸率　49

リスク・アセット　71
リスク・ウェイト　72
臨時損益　54
連携協働の広がり（防災）　111
労働運動　132
六次産業化・地産地消法　27
6次産業化　iii, 16, 27

人名・団体名索引

Anderson, A.　149
Berno, T.　149
Bochner, S.　163
Clark, C. G.　27
Dann, G.　149
Dolnicar, S.　147
Fisk, R.　147
Foley, M.　128
Foster, M.　153
Furnham, A.　163
Grove, S.　147
Guthrie, C.　149
Kobayashi, S.　80
Krugman, P.　9
Kurita, K.　80, 102
Lazarevsky, K.　147
Lennon, J.　128
Mang, P.　163
Mattila, A.　147
Miao, L.　147
Miyazaki, Y.　80
Morrison, A. M.　148
Nicholls, R.　147
Pearce, P. L.　148, 149, 150, 151, 152, 153, 162, 164
Pettry, W.　270
Phillips, J.　149
Porter, M. E.　9, 27, 51
Praet, C. L. C.　145
Reichenberger, I.　149, 150, 151, 152
Ritchie, B. J. R.　148
Seaton, A. V.　128
Shostack, G. L.　147
Solomon, M.　147
Stauss, B.　163
Stone, P. R.　127, 128
Triandis, H. C.　164
Ward, C.　149

Yagi, C.　149, 150, 151, 152, 153, 162, 164, 165
Yoshida, M.　80

青木賢児　115
赤松　要（Akamatsu, K.）　9
アクセンチュア　76
東　浩紀　129
穴沢　眞　ii
泉　留維　80
板谷宮吉　135
井出　明　136, 137, 139, 140, 141
今村奈良臣　27, 36
上杉志郎　80
江頭　進　ii, 79
大内　東　115
大垣尚司　51, 76
大畑大志郎　112
岡田知弘　85
岡村秀夫　45
岡本亮輔　129
小川雅人　113
小樽市商店街振興組合連合会　91
乙政佐吉　13

ガーシェンクロン（Gerschenkron, A.）　8
片田敏孝　115
川本裕子　45, 55
キング（King, B.）　76
銀行経理問題研究会　53
金融庁　43
草郷孝好　93
釧路市防災危機管理課　115
熊谷兼太郎　112, 115
桑沢敬行　112
桑沢敬行　112, 114, 115
経済産業省　3, 4
小井川広志　16

人名・団体名索引

国土交通省住宅局　*113, 119*
小寺平吉　*138*
後藤友城　*58*
後藤英之　*154*
小林重人　*81*
小林多喜二　*131, 132*
小林好宏　*9*

齋藤一郎　*50, 69*
敷田麻実　*93*
下村智典　*125*
周　菲菲　*126*
信金中央金庫　*46*
末廣　昭　*9, 16*
関谷直也　*114*
総務省　*4*

髙橋佑輔　*81*
武田文男　*114*
田中　淳　*45, 114*
玉井健一　*13*
鳥海不二夫　*115*
十勝清水町農業協同組合　*35*
十勝若牛生産組合　*36*
十勝若牛フードサービス　*36*
戸谷圭子　*76*

内閣府　*110, 113*
永倉新八　*139*
中里裕美　*80*
中村良平　*82*
中山伊知郎　*i*

西部　忠　*81, 94, 100*
仁平尊明　*115*
日本銀行　*46*
農林水産省　*25*
野﨑晴行　*26*
野間敏克　*45*
野村総合研究所　*51*

橋本　敬　*81*
橋本雄一　*112, 115, 120*
浜名甚五郎　*131*
播磨谷浩三　*45*
広田孝明　*153*
広海二三郎　*135*
深田秀実　*112, 120*
藤原賢哉　*45*
船津　衛　*145*
北海道後志総合振興局　*83*
北海道財務局　*43*
北海道自動車産業集積促進協議会　*11, 12*
北海道防災会議　*110, 111*
ポランニー（Polanyi, K.）　*80*
堀川三郎　*125, 127*

宮﨑義久　*79*
ミュルダール（Myrdal, G.）　*8*

安田　靖　*16*
山﨑　茂　*100*
山本仁志　*115*
吉田昌幸　*81*

執筆者紹介

江頭　進（えがしら　すすむ）　小樽商科大学理事・副学長
担当：序　第6章

穴沢　眞（あなざわ　まこと）　小樽商科大学商学部教授
担当：第1章

後藤英之（ごとうひでゆき）　小樽商科大学グローカル戦略推進センター准教授
担当：第2章

齋藤一朗（さいとういちろう）　小樽商科大学大学院商学研究科教授
担当：第3章

林　晃平（はやし　こうへい）　財務省北海道財務局上席調査官
担当：第3章

宮﨑義久（みやざきよしひさ）　仙台高等専門学校助教
担当：第4章

深田秀実（ふかだひでみ）　小樽商科大学商学部教授
担当：第5章

プラート カロラス（PRAET Carolus）　小樽商科大学商学部教授
担当：第7章

北海道社会の課題とその解決

2019 年 3 月 20 日　初版第 1 刷発行	
	定価はカヴァーに表示してあります

編　者　小樽商科大学地域経済研究部
発行者　中西　良
発行所　株式会社ナカニシヤ出版
〒606-8161　京都市左京区一乗寺木ノ本町 15 番地
　　　　　　　Telephone　075-723-0111
　　　　　　　Facsimile　075-723-0095
　　　Website　http://www.nakanishiya.co.jp/
　　　Email　iihon-ippai@nakanishiya.co.jp
　　　　　　　郵便振替　01030-0-13128

装幀＝白沢　正／印刷・製本＝創栄図書印刷株式会社
Copyright © 2019 by The Division of Regional Economic Research, Otaru University of Commerce.
Printed in Japan.
ISBN 978-4-7795-1357-2 C3033

本書のコピー，スキャン，デジタル化等の無断複製は著作権法上での例外を除き禁じられています。本書を代行業者等の第三者に依頼してスキャンやデジタル化することはたとえ個人や家庭内の利用であっても著作権法上認められておりません。